A CRIANÇA E A NATUREZA
UMA SIMBIOSE NECESSÁRIA AO APRENDIZADO ESCOLAR NA PRIMEIRA INFÂNCIA

Editora Appris Ltda.
1.ª Edição - Copyright© 2024 da autora
Direitos de Edição Reservados à Editora Appris Ltda.

Nenhuma parte desta obra poderá ser utilizada indevidamente, sem estar de acordo com a Lei nº 9.610/98. Se incorreções forem encontradas, serão de exclusiva responsabilidade de seus organizadores. Foi realizado o Depósito Legal na Fundação Biblioteca Nacional, de acordo com as Leis nos 10.994, de 14/12/2004, e 12.192, de 14/01/2010.

Catalogação na Fonte
Elaborado por: Josefina A. S. Guedes
Bibliotecária CRB 9/870

R771c
2024

Rondon, Cíntia Ribeiro
    A criança e a natureza: uma simbiose necessária ao aprendizado escolar na primeira infância / Cíntia Ribeiro Rondon. – 1 ed. – Curitiba : Appris, 2024.
    141 p. ; 21 cm. – (Educação, tecnologias e transdisciplinaridades).

    Inclui referências.
    ISBN 978-65-250-5463-6

    1. Educação Infantil. 2. Jardim de infância. 3. Aprendizagem. 4. Natureza. 5. Pátios escolares – Arquitetura paisagística. I. Título. II. Série.

CDD – 372.21

Livro de acordo com a normalização técnica da ABNT

Appris
editora

Editora e Livraria Appris Ltda.
Av. Manoel Ribas, 2265 – Mercês
Curitiba/PR – CEP: 80810-002
Tel. (41) 3156-4731
www.editoraappris.com.br

Printed in Brazil
Impresso no Brasil

Cíntia Ribeiro Rondon

A CRIANÇA E A NATUREZA
UMA SIMBIOSE NECESSÁRIA AO APRENDIZADO ESCOLAR NA PRIMEIRA INFÂNCIA

FICHA TÉCNICA

EDITORIAL	Augusto V. de A. Coelho
	Sara C. de Andrade Coelho
COMITÊ EDITORIAL	Marli Caetano
	Andréa Barbosa Gouveia - UFPR
	Edmeire C. Pereira - UFPR
	Iraneide da Silva - UFC
	Jacques de Lima Ferreira - UP
SUPERVISOR DA PRODUÇÃO	Renata Cristina Lopes Miccelli
ASSESSORIA EDITORIAL	Miriam Gomes
REVISÃO	Camila Dias Manoel
DIAGRAMAÇÃO	Renata Cristina Lopes Miccelli
CAPA	João Vitor Oliveira

COMITÊ CIENTÍFICO DA COLEÇÃO EDUCAÇÃO, TECNOLOGIAS E TRANSDISCIPLINARIDADE

DIREÇÃO CIENTÍFICA
Dr.ª Marilda A. Behrens (PUCPR)
Dr.ª Patrícia L. Torres (PUCPR)

CONSULTORES
Dr.ª Ademilde Silveira Sartori (Udesc)
Dr.ª Iara Cordeiro de Melo Franco (PUC Minas)
Dr. Ángel H. Facundo (Univ. Externado de Colômbia)
Dr. João Augusto Mattar Neto (PUC-SP)
Dr.ª Ariana Maria de Almeida Matos Cosme (Universidade do Porto/Portugal)
Dr. José Manuel Moran Costas (Universidade Anhembi Morumbi)
Dr. Artieres Estevão Romeiro (Universidade Técnica Particular de Loja-Equador)
Dr.ª Lúcia Amante (Univ. Aberta-Portugal)
Dr. Bento Duarte da Silva (Universidade do Minho/Portugal)
Dr.ª Lucia Maria Martins Giraffa (PUCRS)
Dr. Claudio Rama (Univ. de la Empresa-Uruguai)
Dr. Marco Antonio da Silva (Uerj)
Dr.ª Cristiane de Oliveira Busato Smith (Arizona State University /EUA)
Dr.ª Maria Altina da Silva Ramos (Universidade do Minho-Portugal)
Dr.ª Dulce Márcia Cruz (Ufsc)
Dr.ª Maria Joana Mader Joaquim (HC-UFPR)
Dr.ª Edméa Santos (Uerj)
Dr. Reginaldo Rodrigues da Costa (PUCPR)
Dr.ª Eliane Schlemmer (Unisinos)
Dr. Ricardo Antunes de Sá (UFPR)
Dr.ª Ercilia Maria Angeli Teixeira de Paula (UEM)
Dr.ª Romilda Teodora Ens (PUCPR)
Dr.ª Evelise Maria Labatut Portilho (PUCPR)
Dr. Rui Trindade (Univ. do Porto-Portugal)
Dr.ª Evelyn de Almeida Orlando (PUCPR)
Dr.ª Sonia Ana Charchut Leszczynski (UTFPR)
Dr. Francisco Antonio Pereira Fialho (Ufsc)
Dr.ª Vani Moreira Kenski (USP)
Dr.ª Fabiane Oliveira (PUCPR)

AGRADECIMENTOS

À Estrelinha, pequena e genuína, por ser a essência de todas as crianças. Aos meus dois filhos, Maurício e Cibele, que me mostram como é ser criança.

À minha avó paterna, Clotilde (*in memoriam*), que me presenteava sempre com flores e as vendia na feira. *À minha avó* materna, Célia (*in memoriam*), que se desfazia de suas próprias roupas para minha mãe continuar a estudar.

Aos meus pais e irmão, Denise, Lino e Douglas, pelo lema de família — nunca parar de estudar — e pelo desejo eterno por viagens imersas em natureza, animais e banhos de mar, de rio e de cachoeiras!

Aos meus queridos tios Ivette e Adelmo (*in memoriam*, ambos), pelo seu aconchegante quintal com plantas e pela inesquec*ível varanda*, de onde eu podia observar as estrelas, e pela vitamina de abacate!

Aos meus queridos tios Odette e Ítalo (*in memoriam*, ambos), pela casinha de praia em Peruíbe e pelo macarrão com canela!

Ao meu primo Del (*in memoriam*), por me fazer pensar na Engenharia e na Arquitetura.

Agradeço profundamente ao Gianfranco Staccioli a simpatia e nosso breve encontro (mas essencial). E ao Sr. Silvio Gaggini, pelos bons momentos em família e pela tradução da carta de Gianfranco Staccioli, da língua italiana para a língua portuguesa.

Aos incríveis professores que lecionaram para mim na Graduação, na Pós-Graduação e no Mestrado. No Mackenzie, na FAAP, na Belas Artes, na PUC-SP. E, com grande apreço para este estudo, aos meus professores do jardim da infância (ainda tenho memórias lindas), da escola de Educação Infantil Dr. Oséas de Castro Neves, ainda existente na cidade de Santo André (saudades também daquele divino gramado com palmeiras e árvores do tamanho de um campo de futebol!), e aos docentes do Ensino Fundamental ao Ensino Médio, por aprimorarem meu senso crítico e pelos estudos intensos! Anos inesquecíveis no Colégio Singular, com professores incríveis e com minhas amigas Eriquinha, Katião e Ju Armani.

Às profissionais do berçário, às coordenadoras e *às* docentes da Educação Infantil da Estilo de Aprender, por educarem e cuidarem de meus pequenos filhos, tornando, assim, esta pesquisa possível.

À minha orientadora, Ingrid, pessoa indescritível, tanto pela simplicidade como pessoa quanto pela força e profundidade de suas palavras. E pelo apoio, de que nunca me esquecerei! Minha referência como profissional acadêmica.

À querida Prof.ª Petra Sanchez Sanches (Coordenadora da *Pós*-Graduação Stricto Sensu em Educação, Arte e História da Cultura da Universidade Presbiteriana Mackenzie, onde fiz a pesquisa para minha dissertação).

Toda a minha admiração e gratidão à CAPES e ao setor de Bolsas do Mackenzie, pelo apoio e pelas bolsas de estudos que viabilizaram meu Mestrado e me ajudaram de modo decisivo a concretizar este sonho em tempos difíceis.

À minha amiga e apoiadora profissional, Ariane Hetch, também docente de Artes!

À minha amiga, Rita Prescinotti, por sempre me convencer de que tudo pode dar certo (até quando eu mesma duvidava), fazendo-me superar tudo com muitas risadas!

Também à minha amiga de infância, Renata de Almeida, pedagoga de formação, que veio dos Estados Unidos uma vez e me disse: "Se fosse outra pessoa, sei que não conseguiria... como é você, vai dar tudo certo!".

Agradecimentos especiais ao CRE Mário Covas (na figura inconfundível do Prof. Diógenes Nicolau Lawand), que apoia integralmente esta pesquisa e de outras complementares, entendendo o valor singular desta!

Por que não à minha favorita livraria, Livraria Cultura, e a seus meninos do atendimento?! Ficamos horas e dias procurando livros raros, livros estrangeiros, já que no Brasil ainda é um assunto pouco publicado, tornando possível a originalidade das referências bibliográficas!

Agradeço ao Congresso Internacional de Educação Infantil, promovido pela admirada Prof.ª Márcia Gobbi, que ampliou meu olhar, minhas reflexões sobre Educação Infantil. Incluindo sua presença e avaliação especial na Banca Examinadora do Mestrado de "Pátios invisíveis: a dimensão do verde na educação infantil".

Aos animais (anjos) da família, que colorem (ou coloriram) meu mundo: Bruski, Iuma, Agra, Tobby, Kevin, Tom, Pingo, Lila e Babi. E, atualmente, à minha filha canina, Nina Flor (minha companheira amorosa e grude), e à cachorra Gaia (que ama intensamente), da minha mãe.

À minha infância, por eu nunca ter deixado apagar suas memórias de minha mente!

Aos meus poemas, que aquecem meu coração e o refazem a cada verso!

E também àquele bem-te-vi sem-vergonha que vem todo dia roubar a comida da Nina (enquanto ela dorme) no meu quintal. Só para me lembrar de que ele pode voar. Fato invejável!

Gratidão aos meus atuais coordenadores, pelo apoio profissional e pelas relações humanizadas.

Aos meus muitos alunos do Fundamental I, do Fundamental II, do Ensino Médio, pelas experiências incríveis que me movem a escrever livros, a estudar sem parar e a sonhar com escolas que lhes despertem o espírito e lhes potencializem a essência!

PREFÁCIO

A Literatura tem que estar a serviço da humanidade em qualquer uma de suas formas, sem o rompimento com o padrão de ética, moral, e, acima de tudo, com a elevação do nível de vida do leitor. Após a leitura, ele, o leitor, tem que ter melhorado a sua visão de mundo e estar pronto a atuar com competência diante das novas informações recebidas, a vivenciá-las no seu dia a dia, se o que leu condisse com sua expectativa de melhoramento da sociedade, no contexto da comunidade em que está inserido. Assim, somos mais responsáveis, quanto mais sabemos.

A Criança e a Natureza: uma simbiose necessária ao aprendizado escolar na primeira infância, livro da doutora, mestre, docente de Arte e História da Arte, arquiteta e paisagista Cíntia Ribeiro Rondon, vem com o propósito de iluminar esse cantinho da vida com muita autoridade; aliás, como diz Antoine de Saint-Exupéry, o autor do livro *O pequeno príncipe*: "A autoridade repousa sobre a razão". Por este motivo, é de suma importância que tenhamos domínio da matéria sobre a qual nos propomos a deliberar; no caso da doutora Cíntia, faz isso com esmerada competência e como exímia pesquisadora, aprofundando-se em mais conhecimento na busca de subsídios que colaboram para o entendimento da sua matéria em vida.

Importante dizer que o tema é deveras pertinente ao momento que vivemos, haja vista a alta tecnologia aplicada à vida desde a tenra idade; e, quando se trata de inserir a natureza no contexto infantil, é uma tarefa que tem que ser aplicada com muita responsabilidade, essa magnífica interação que tem que haver entre a criança e a natureza em todos os seus aspectos, sem comprometer a compreensão infantojuvenil, haja vista o processo do seu caráter ser formado até os 7 anos de vida, segundo pesquisas neurocientíficas. Até porque a criança quer saber desde a divisão do átomo para produção da bomba atômica ao efeito da cenoura na libido dos coelhos. Todo esse aprendizado nessa fase ficará para sempre indelével na sua memória.

Os métodos de ensino são significativamente indispensáveis para a simbiose do aprendizado da criança na interação e ação dela para com a natureza e o mundo em geral, no seguimento da sua vida.

> [...] *percepção, cognição, emoção e motivação envolvem conteúdo psicológico... E desde o começo, muito desse conteúdo está no mundo exterior... desde o início, o desenvolvimento humano envolve a interação do organismo com o ambiente... O externo se torna interno e vice-versa... Isso porque, desde o início, o organismo modela seu contexto, o interno se torna externo, o externo se torna interno...*[1]

Encontrei essa citação e reproduzi-a como forma explicativa, como se fora um resumo da verdade explicitada neste livro da professora doutora Cíntia Rondon, porque há a necessidade de a criança extrapolar os muros da escola, buscar no aprendizado (compreender por este) que o mundo é vasto e há toda uma gama de assuntos infinitos a ser explorada e internalizada em seu intelecto.

> *Qualidade* do contato *criança* e *ambiente físico*, *interações* e *cooperação* são conceitos que devem permear todo um projeto escolar, modificando, assim, a estética e a organização espacial a ser projetada e executada.[2]

Eis a nota tônica para um aprendizado saudável e duradouro, nessa última citação. É necessário que a criança não se atenha apenas às letras e às figuras mortas contidas nos livros didáticos, mas que haja a plena interação com o meio ambiente, ao ar livre, olhando os animais, o mar, sentindo a frescura do vento, as flores, aulas interativas que promovam o relacionamento pessoal e não substituam o humano pela pura formalidade, coisa mecânica e fria. Precisamos incutir na mente das crianças que há um mundo natural e maravilhoso fora da internet. Estamos correndo o risco de perder essa geração, na medida em que está se transformando verdadeiramente em zumbi,

---

[1] BRONFENBRENNER, U. **Bioecologia do desenvolvimento humano**. Porto Alegre: Artmed, 2011. p. 202.

[2] Citação e grifo da autora (N. do editor).

ligada diuturnamente a essa "brutal máquina" que a leva a outros patamares de conhecimento, mas que cada vez mais a desumaniza.

Para ter um aprendizado de qualidade superior, defende a doutora Cíntia, é importante que se tenha um projeto arquitetônico adequado, um paisagismo que corresponda ao grau de ensinamento superior proposto pela instituição escolar; assim, que haja uma satisfação por parte do corpo docente e, claro, discente. A citação a seguir reproduz o meu pensamento.

> [...] portanto, busca ampliar os diferentes olhares sobre o espaço, visando construir o ambiente físico destinado à Educação Infantil, promotor de aventuras, descobertas, criatividade, desafios, aprendizagens, e que facilite a integração criança-criança, criança-adulto e deles com o meio ambiente.[3]

E finalizo minhas considerações citando as crianças como atores de todo este estudo e usando uma citação que o leitor encontrará neste livro, destas imprescindíveis joias da vida deste planeta, que sempre as terá; e eu, como poeta, me apeguei a este texto apaixonadamente:

> Sujeito histórico e de direitos que, nas interações, relações e práticas cotidianas que vivencia, constrói sua identidade pessoal e coletiva, brinca, imagina, fantasia, deseja, aprende, observa, experimenta, narra, questiona e constrói sentidos sobre a natureza e a sociedade, produzindo cultura.[4]

> Destacamos, agora, as crianças, pois este estudo só tem sentido se feito para elas! Logo, merecem uma definição mais holística e poética, pois são as que farão dos pátios escolares um *cantinho do paraíso perdido*, caso lhes permitam participar desta renovação por sua simbiose, sua harmonia, seu equilíbrio com

---

[3] BRASIL. Ministério da Educação. Secretaria de Educação Básica. **Parâmetros básico de infra-estrutura para instituições de educação infantil**: Encarte 1. Brasília: MEC/SEB, 2006. p. 9-10.

[4] BRASIL. **Diretrizes curriculares nacionais para a educação infantil**. Brasília: MEC/SEB, 2010. p. 12.

o meio natural. Meio este capaz de ensinar, como veremos. Tal qual um querido professor.[5]

Ser criança é habitar no país da fantasia, viver rodeado de personagens imaginários, gostar de quem olha no olho e fala baixo. É ter sorriso sincero esparramado pelo rosto, mesmo em dia de chuva. É adorar ver figuras nas nuvens, criar histórias e deitar na grama. Ser criança é colar o nariz na vidraça, e espiar lá fora. É ter coragem de não ter medo, mesmo morrendo de medo. Ser criança é ter sempre uma pergunta na ponta da língua. É misturar lágrimas com sorrisos, sorrir apesar de tudo, é detestar a hora de ir para a cama.[6]

À doutora e mestre Cíntia Ribeiro Rondon, o meu desejo de profícuo sucesso ao compartilhar o seu valioso livro, que colabora muitíssimo na elaboração de novos ideais nessa área tão carente, vibrante e necessária na educação e formação de caracteres infantis do nosso mundo. Parabéns pela significativa literatura que ora produzes. Deus a abençoe sempre.

Uma boa leitura a todos!

Dr. Camilo Martins, Ph.I

Jornalista MTB n. 58.724/SP

Presidente mundial da Academia Mundial de Letras da Humanidade

---

[5] Citação e grifo da autora (N. do editor).
[6] HECHT, A. O sabor do saber e o sabor do aprender. *In*: TIERNO, G. (org.). **A criança de 6 anos**. São Paulo: Meca: SIEEESP, 2008. p. 75.

Há um vilarejo ali Onde areja um vento bom Na varanda, quem descansa Vê o horizonte deitar no chão

Pra acalmar o coração Lá o mundo tem razão

Terra de heróis, lares de mãe Paraíso se mudou para lá

[...]

Lá o tempo espera Lá é primavera

Portas e janelas ficam sempre abertas

Pra sorte entrar

Em todas as mesas, pão Flores enfeitando

Os caminhos, os vestidos, os destinos

E essa canção

[...]

(Trechos da música Vilarejo. Intérprete: Marisa Monte.

Composição: Marisa Monte, Pedro Baby, Carlinhos Brown e Arnaldo Antunes)

Em algum lugar entre o certo e o errado,

existe um jardim.

(Frase do filme Diana, dirigido por Oliver Hirschbiegel.
Ano de lançamento: 2013)

APRESENTAÇÃO

Esta pesquisa é uma parte da dissertação da autora deste livro, na Universidade Presbiteriana Mackenzie, intitulada *Pátios invisíveis: a dimensão do verde na educação infantil* (apoio das Bolsas CAPES e Mackenzie), desenvolvida ao logo do Programa de Pós-Graduação Stricto Sensu "Educação, Arte e História da Cultura". E tem como objetivo específico resgatar os "laços" perdidos, ou melhor, "desfeitos" entre o ser humano em sua primeira infância e o meio natural, enquanto ambiente favorável ao bem-estar psíquico, à saúde e — em destaque — às práticas educativas em ambientes escolares, visando aprendizagens significativas na fase da Primeira Infância. Ou seja, nas escolas, falamos da Educação Infantil.

A necessidade desse (re)encontro pode ser demonstrada em vários registros artísticos. Além dos conhecimentos na Pedagogia, no Paisagismo e na Arquitetura, como veremos, o Cinema, o Teatro e a Literatura também podem contribuir com olhares e reflexões interdisciplinares sobre a simbiose urgente entre crianças e natureza no aprendizado escolar. E livros de várias áreas, inclusive. Alguns brasileiros (raros) e muitos estrangeiros (Europa, principalmente).

Reflexões teóricas e interdisciplinares que visam sensibilizar o leitor quanto à importância das áreas verdes, externas e internas, nos processos de aprendizagens significativas, marcando profundamente o ato de projetar do arquiteto-paisagista em comunhão com propostas pedagógicas. Por um Paisagismo Escolar de alta performance educativa (!), como não se vê em escolas brasileiras. Já que o Paisagismo costuma ser presente apenas em áreas de recuo da edificação ou apenas para embelezamento; por isso, muitas vezes, literalmente desperdiçando um espaço que poderia se tornar verdadeira sala de aula ao ar livre para todas as disciplinas escolares!

Quantas metodologias ativas poderiam acontecer? E mais espaços para o protagonismo dos alunos, inclusive!

Mesmo em uma época em que é prioritário entender conceitos como Ecologia, Sustentabilidade e Educação Ambiental, o Paisagismo Educativo (como chamamos nesta pesquisa) ainda é invisível nos pátios escolares em muitos países e no Brasil. O que deixa a docente e escritora incrédula.

Imaginem pátios escolares onde a movimentação livre dos alunos é permitida. Corre-corre, conversas, risos. Professores fantasiados teatralizando histórias ou lendo sobre pedras. Lençóis coloridos estendidos em plena mata. E assim ensinam, com esta atmosfera: Literatura, Biologia, História, Artes, Matemática e Música! E todas as disciplinas previstas na BNCC e nos PCNs! Entre pedriscos, folhas, flores, borboletas, galhos e pássaros.

Por que não contar histórias, ou contos de fadas, ou os conteúdos programados no currículo escolar da Primeira Infância no gramado ensolarado ou sob a sombra de uma árvore? Ou será que continuaremos a ver estas novas posturas (aluno-docente, aluno-natureza e docente-natureza) apenas em filmes como o imortal *Sociedade dos Poetas Mortos*, em que um professor de Literatura (interpretado maravilhosamente pelo ator Robin Williams, 1951-2014) decide levar seus alunos para recitar poemas num belo gramado típico das universidades europeias, ao som do vento, das folhas das árvores e dos chutes na bola de futebol a cada poema recitado (mesmo que exista uma sala fechada tradicionalmente disponível para tal)?

Reflitamos juntos ao longo deste livro, professores, coordenadores, diretores de escolas, paisagistas, arquitetos, estudiosos, sonhadores e interessados em geral. Permitamo-nos praticar o olhar crítico, desperto, como profissionais reflexivos em busca de um autoaperfeiçoamento pedagógico, sensorial e espacial. Em prol dos alunos da Educação Infantil (inicialmente) de todas as escolas de nosso país, prioritariamente! E, quiçá, que um dia o que chamamos aqui de Paisagismo Didático chegue até o Ensino Médio! Amalgamando a conexão entre crianças & natureza. Não para ser apenas ecológicas e sustentáveis. Mas para ser um estilo de vida indissociável ao seu viver! E parte de um legítimo *Lifelong Learning* dos nossos alunos!

SUMÁRIO

1
INTRODUÇÃO 21

2
A CRIANÇA E A NATUREZA: UMA SIMBIOSE NECESSÁRIA AO APRENDIZADO ESCOLAR NA PRIMEIRA INFÂNCIA 23

3
PARA IRMOS ALÉM DO HORIZONTE "VERDE": CONSIDERAÇÕES FINAIS 109

REFERÊNCIAS 135

INTRODUÇÃO

Defendemos nesta pesquisa a dimensão do verde como recurso pedagógico! Este gerando simbioses entre a criança e a natureza, e entre "o verde" e as propostas pedagógicas.

Para tanto, pretendemos resgatar os "laços" perdidos, ou melhor, "desfeitos" entre a natureza e o ser humano, aqui entendido como alunos em sua Primeira Infância; e o meio natural enquanto ambiente favorável ao bem-estar psíquico, à saúde e às práticas educativas (em pátios escolares), visando a aprendizagens significativas na fase da Educação Infantil, de modo interdisciplinar. Então, tornamos visível uma série de contribuições de estudos e profissionais de inúmeras áreas. Como, por exemplo, conhecimentos na área da Pedagogia, do Paisagismo, da Arquitetura, do Cinema e até da Literatura!

Dessa maneira, seria necessário o leitor compreender a visão adotada neste momento: a de que os pátios escolares podem não se parecer com os atuais *playgrounds* de edifícios residenciais; e que a Natureza (espontânea/selvagem/sem intervenções humanas) ou o Paisagismo (natureza domesticada/produto da ação humana/obra artística) apresentam todas as qualidades para a plenitude de qualquer estilo de proposta educativa.

A afinidade, a necessidade do (re)encontro entre o ser humano e a natureza pode ser demonstrada em vários registros artísticos, como quadros, tapeçarias, louças, esculturas, entre outras manifestações artísticas (e até mesmo no próprio nome das pessoas, de ruas, bairros ou cidades) e no cerne de muitas religiões e filosofias.

Não seria desejável que nossas crianças da Educação Infantil (desde a tenra idade até seus 6 anos) saíssem de seu foco pessoal (por vezes hipervalorizado em ambiente familiar) e, pela sua imersão com a natureza, pudessem se sentir vivas de modo coletivo, parte de uma comunidade escolar, neste primeiro momento da infância; e, gradativamente, parte de um planeta em comum, no qual temos que conviver com outras espécies?

Convido-o a adentrar esta "floresta" de ideias sobre a quase inexistente História dos pátios escolares da Educação Infantil enquanto recursos didáticos!

2

A CRIANÇA E A NATUREZA: UMA SIMBIOSE NECESSÁRIA AO APRENDIZADO ESCOLAR NA PRIMEIRA INFÂNCIA

Começaremos nossas reflexões multidisciplinares sobre "a natureza" com Maria Elena Merege Vieira, arquiteta-professora doutora de Paisagismo da Universidade Presbiteriana Mackenzie (UPM), com a qual pudemos ter contato por anos, tanto na graduação em Arquitetura e Urbanismo (disciplina de Paisagismo) quanto na especialização em Desenho Ambiental e Arquitetura da Paisagem, ambas na Universidade Presbiteriana Mackenzie, quando nos presenteou com seu livro *O jardim e a paisagem*[7], que nos demonstra como o jardim foi inventado e como os povos em todo o mundo sentiam a necessidade de tê-lo próximo, em palácios, castelos, praças, residências etc., preservando até mesmo mitos e crenças coletivas e pessoais.

Segundo sua posição, quando a natureza passa a ser destruída, nossa alma também se empobrece. O jardim ou os ambientes naturais, segundo sua tese apresentada neste livro, seriam também uma maneira de *harmonizar nossa vida com as realidades, resguardando nossa alma, procurando um sentido para a vida: a experiência de estarmos vivos*[8].

Como é pertinente projetar-se, disponibilizar-se um local para o bem-estar e o aprendizado de crianças pequenas, pensando neste aspecto de lhes proporcionar a chance de tomar contato com a experiência delas de se sentirem vivas! De viver! De sentir a vida!

P. Wesley Schultz pode nos trazer informações complementares que fundamentam este ponto de vista, no quarto capítulo de seu

---

[7] VIEIRA, M. E. M. **O jardim e a paisagem**. São Paulo: Annablume, 2007.
[8] *Ibidem*, s/p, orelha da capa.

reconhecido livro *Psychology of sustainable development*, chamado: "Inclusion with nature: the psychology of human-nature relations"[9].

Schultz é professor da California State University, Ph.D. em Psicologia, mestre e bacharel em Artes em Psicologia. E tem 45 publicações revisadas em jornais, como o *Connecting with nature*[10], e o *The moral call of the wild*[11], publicado na revista *Scientific American* em 2009, pertinente a este estudo. E ainda presente em sete livros reconhecidos mundialmente[12].

Enfatizando a ideia de fazer as crianças se sentirem vivas, sentirem a dimensão do verde, em espaços escolares ou não, seguem palavras de Schultz em *The moral call of the wild*:

> *People around the world seek out natural experiences. Even when confined to built spaces, we add pets, plants, pictures, and moments from nature. It is part of who we are, and these experiences in nature help us reflect on what is important in life.*[13]
>
> *The benefits of spending time in nature have been well-documented. Psychological research has shown that natural experiences help to reduce stress, improve mood, and promote an overall increase in physical and psychological well-being. There is even evidence that*

---

[9] SCHULTZ, W. P. Inclusion with nature: the psychology of human-nature relation. *In*: SCHMUCK, P.; SCHULTZ, W. P. (ed.). **Psychology of sustainable development**. Massachusetts: Kluwer Academic, 2002. p. 61-78. p. 61. Disponível em: http://books.google.com.br/books?id=LnXtkivuvigC&printsec=frontcover&hl=pt. Acesso em: jul. 2012. Tradução livre da pesquisadora: *"Inclusão com a natureza: a psicologia das relações entre homem-natureza"*.

[10] Tradução livre da pesquisadora: *"Conectando-se com a natureza"*.

[11] Tradução livre da pesquisadora: *"O apelo moral do selvagem"*, publicado nessa revista em 1 de dezembro de 2009. Disponível em: http://scientificamerican.com/article.cfm?id=moral-call-of-the-wild. Acesso em: set. 2012.

[12] Para os interessados em seu Currículo Lattes, com o detalhamento de suas produções bibliográficas, disponível em: http://public.csusm.edu/schultz/vita/schultzvita.pdf. Acesso em: 3 set. 2012.

[13] Tradução livre da pesquisadora: *"Pessoas de todo o mundo procuram experiências naturais. Mesmo quando confinados em espaços construídos, podemos acrescentar animais, plantas, fotos e momentos da natureza. Ela é parte de quem somos, e essas experiências na natureza ajudam-nos a refletir sobre o que é importante na vida"*.

> *hospital patients with a view of nature recover faster than do hospital patients without such a view.*[14]

Vemos claramente a urgência em se articular Medicina/Arquitetura/Natureza, não para fins de puro embelezamento da edificação. Mas em simbiose com o tratamento dos pacientes na sua conexão simultânea com o espaço construído e, neste caso, a simples visualização de um projeto paisagístico.

Aproveitemos para pensar na seguinte pergunta: O que nossos alunos ou os alunos que usufruirão do meu projeto conseguem ver pelas janelas da escola? E por que essas janelas estão sendo feitas cada vez mais no alto?, perguntou uma professora. Porém outras com quem convivi comentaram que uma parede de vidro ou janelas grandes fazem as crianças não prestarem atenção nas atividades dentro das salas de aula.

Mas será que a tal aula envolvia os alunos? Ou seria apenas o instinto dos pequenos em querer naturalmente aprender com o corpo em espaços mais desafiadores do que as quatro paredes?

Schultz ainda chama atenção dos leitores para a necessária presença da natureza no dia a dia do ser humano, com benefícios que vão além da sua recuperação física:

> *But a recent article by researchers at the University of Rochester shows that experiences with nature can affect more than our mood. In a series of studies, Netta Weinstein, Andrew Przybylski, and Richard Ryan, University of Rochester, show that exposure to nature can affect our priorities and alter what we think is important in life. In short, we become less self-focused and more other-focused. Our value priorities shift from personal gain, to a broader focus on community and connection with others.*[15]

---

[14] Tradução livre da pesquisadora: *"Os benefícios de passar algum tempo na natureza têm sido bem documentados. Pesquisas em Psicologia têm demonstrado que experiências naturais ajudam a reduzir o estresse e melhorar o humor, e a promover um aumento global de bem-estar físico e psicológico. Há ainda evidências de que os pacientes de hospitais com uma vista da natureza se recuperam mais rapidamente do que os pacientes os de hospitais sem tal visão"*.

[15] Tradução livre da pesquisadora: *"Mas um artigo recente, de pesquisadores da Universidade de Rochester, mostra que experiências com a natureza pode afetar mais do que o nosso humor. Em uma série de estudos, em*

Este último enfoque é ainda mais surpreendente, pois confirma que, além da estética (do belo) e das funções reparadores do meio natural, este é capaz de *abrir* nossa mente para uma consciência planetária, reconectando-nos à comunidade e com os outros.

Em outras pesquisas, como no citado *Inclusion with nature*, quatro capítulo do livro citado, Schultz afirma e demonstra ideias que, nesta pesquisa, são consideradas a base para se justificar a anterior defesa da necessária experiência de nossas crianças, mesmo em contexto escolar, de se sentirem vivas com sua interação com a natureza, seja advinda de um projeto paisagístico, seja *da mãe natureza*. Vejamos suas conhecidas palavras:

> We are all a part of nature. We are born in nature; our bodies are formed of nature; we live by the rules of nature. As individuals, we are citizens of the natural world; as societies, we are bound by the resources of our environment; as a species, our survival depends on an ecological balance with nature.[16]

Neste caso, é impossível negar a origem natural de nosso corpo, de nosso alimento, de nosso meio de vida. E afirma veemente que somos todos parte da natureza, o que, para esta tese, já é prova suficiente do tripé natureza/criança/escola. Resgataremos, nesta fase da discussão, a figura singular do professor Jun Okamoto, com o qual a pesquisadora também pôde aprender durante o bacharelado em Arquitetura e Urbanismo, na Universidade Presbiteriana Mackenzie, no fim da década de 90 (1997-1998), em suas aulas sobre Percepção Ambiental, pioneiras na época.

Para tanto, agora na área da Pedagogia, a descoberta do livro *Sabores, cores, sons, aromas: a organização dos espaços na educação*

Netta Weinstein, Andrew Przybylski, e Richard Ryan, da Universidade de Rochester, mostram que a exposição à natureza pode afetar as nossas prioridades e modificar aquilo que pensamos que é importante na vida. Em suma, tornar-se menos focada em auto e mais outro-centrada. As nossas prioridades de valor passam de ganho pessoal, para um foco mais amplo na comunidade e conexão com os outros".

[16] SCHULTZ, 2002, p. 61. Tradução livre da pesquisadora: *"Somos todos uma parte da natureza. Somos nascidos na natureza; os nossos corpos são formados de natureza; nós vivemos as regras da natureza. Como indivíduos, somos cidadãos do mundo natural; como as sociedades, estamos vinculados pelos recursos de nosso meio ambiente; como uma espécie, nossa sobrevivência depende de um equilíbrio ecológico com a natureza".*

infantil[17], de Maria da Graça Souza Horn, pedagoga e doutora em Educação pela Universidade Federal do Rio Grande do Sul (UFRGS), deu um novo tom a esta discussão, ampliando esta pesquisa em mais um vetor investigativo. O próprio título do livro já se contrapõe à exclusão citada pelo querido professor Jun Okamoto e pelo famoso Capra, a dos sentidos humanos.

Horn comenta que ela construiu este olhar sobre o espaço escolar dedicado às crianças de 0 a 6 anos nos seus 30 anos de carreira na Educação Infantil. E que pode ser entendido da seguinte forma:

> *Situar-se em um espaço que tem marcas muito significativas dos cheiros, dos objetos que se transformam, das cores que dão nuances sempre foi fundamental para mim... Como educadora, esse sentimento me acompanhava.*[18]

Referente ao papel das sensações que podem ser oferecidas nas atuais salas de aula para crianças pequenas e sobre o impacto da cor, do som e dos sabores nos espaços arquitetônicos destinados à Educação Infantil, a educadora cita Vecchi, valendo-se das ideias deste que permeiam o livro *Grazia e cura come educacione*[19].

> *A respeito do aconchego e da preocupação estética, Vecchi (1988), consultora pedagógica de Reggio Emilia, diz que a dimensão estética pertence naturalmente à criança e que o belo atraiu desde sempre os homens.*

> *[...]*

> *Acredita que a pedagogia e a didática revelam sua atenção ao cuidado com o ambiente naquilo que permitem, naquilo que negam, naquilo que comunicam. Os móveis e os objetos devem privilegiar e favorecer, com uma especial atenção, a sensibilidade e a relação do homem com o*

---

[17] HORN, M. G. S. **Sabores, cores, sons e aromas**: a organização dos espaços na educação infantil. Porto Alegre: Artmed, 2004.

[18] *Ibidem*, p. 39.

[19] VECCHI, V. **Grazia e cura come educacione**. *In*: Atelier3, ISAFF, 1999, Quattro Castella, Reggio Emília.

> *ambiente. Eles retratam um ambiente de vida, onde se respira uma atmosfera culta e atenta às inteligências e às sensibilidades que pertencem aos indivíduos desde que nascem... onde as crianças... discutem, ouvem, comem, dormem, vivem o hoje com cuidado...*[20]

Durante toda a narrativa do livro, Maria da Graça acompanhou — pessoalmente — os diálogos, reflexões, reuniões pedagógicas, as professoras dentro de sala de aula e a atuação da coordenadora que tinham como meta fazer as educadoras de uma certa escola de Educação Infantil se questionarem sobre o papel (positivo e negativo) do espaço escolar que elas organizavam para seus alunos; e, finalmente, observaram como as crianças passaram a se interessar mais sobre os conteúdos previstos no currículo e a melhoria significativa da relação professor-aluno, conquistados por este questionamento, que gerou a reorganização dos espaços no interior da sala de aula e uma relação mais aberta com outros ambientes adjacentes. Antes espaços, agora ambientes.

Veja o posicionamento de Horn sobre estes dois conceitos:

> É no espaço físico que a criança consegue estabelecer relações entre o mundo e as pessoas, transformando-*o em um pano de fundo no qual se inserem emoções. Esta qualificação do espaço físico é que o transforma em um ambiente.*[21]

A educadora tem como uma de suas bases teóricas os pesquisadores espanhóis Zabalza e Fornero[22], já que eles distinguem espaço e ambiente, mesmo que um dê suporte ao outro.

A seguir, a passagem transcrita revela este posicionamento destes dois pesquisadores, que nos levam a pensar mais sobre as consequências profundas da exclusão — intencional — dos aspectos sensoriais e subjetivos em ambientes de aprendizagens na Educação Infantil. Como a seguir:

---

[20] HORN, 2004, p. 88-89.
[21] *Ibidem*, p. 28.
[22] FORNEIRO, L. I. A organização dos espaços na educação infantil. *In*: ZABALZA, M. A. **Qualidade em educação infantil**. Porto Alegre: Ártemis, 1998. p. 229-281.

> *O termo "espaço" se refere aos locais onde as atividades são realizadas, caracterizados por objetos, móveis, materiais didáticos, decoração. O termo "ambiente" diz respeito ao conjunto desse espaço físico e às relações que nele se estabelecem, as quais envolvem os afetos e as relações interpessoais do processo, os adultos e as crianças; ou seja, em relação ao espaço, temos as coisas postas em termos mais objetivos; em relação ao ambiente, as mais subjetivas... Este é um todo indissociável de objetos, de odores, de formas, de cores, de sons e de pessoas que habitam e relacionam-se dentro de uma estrutura física determinada que contenha tudo e que, ao mesmo tempo, é formada por esses elementos que pulsam dentro dela como se tivessem vida... Por isso, dizemos que o ambiente "fala", transmite- nos sensações, evoca recordações... mas nunca nos deixa indiferentes.[23]*

A educadora Dr.ª Maria da Graça conclui este pensamento afirmando que, por este olhar, o espaço guarda diferentes dimensões a serem consideradas — a física, a funcional, a temporal e a relacional —, tornando-o definitivamente um elemento curricular. Assim, ele nunca poderá ser neutro, sendo desafiador ou limitante de aprendizagens dadas pela configuração espacial oferecida como base para a atuação docente. Aliás, influenciando a conduta das crianças pequenas, incitando-as ao movimento ou ao repouso.

Não nos esquecendo das áreas externas, raras de serem comentadas ainda atualmente, Horn passa-nos outros dois teóricos, os quais afirmam que esse espaço externo deve existir complementando as áreas internas, em foco, as salas de aula:

> *Marcano (1989)[24], interpretando Bronfenbrenner[25], afirma que é necessário abrir o ambiente escolar às influências do exterior em uma interação enriquecedora, de modo que a sala de aula seja um contexto natural de aprendizagem, não podendo estar isolado da reali-*

---

[23] HORN, 2004, p. 35.
[24] TRUEBA MARCANO, B. **Talleres integrales en educación infantil**: una propuesta de organización del escenario escolar. Madrid: De La Torre, 1989.
[25] BRONFENBRENNER, U. **A ecologia do desenvolvimento humano**. Porto Alegre: Artmed, 1999.

> dade. Assim, um espaço que atenda às necessidades da criança de brincar, de jogar, de desenhar, ou seja, contexto naturalmente desafiador, é fundamental para seu desenvolvimento, para além do ambiente de sala de aula.[26]

Urie Bronfenbrenner, recentemente com seus estudos e teorias focados nos campos da infância e da família, é reconhecido internacionalmente, sendo considerado um dos expoentes teóricos sobre Psicologia do Desenvolvimento Humano, com foco na criança e na interdisciplinaridade, propondo a Ecologia do Desenvolvimento Humano, que nos traz uma concepção diferenciada de ambiente como um sistema de estruturas entrelaçadas, estendendo do *microssistema* (contexto imediato de relações face a face) mediado pelo mesossistema e pelo exossistema, atingindo uma escala ampla, no macrossistema, tal como o próprio Urie define com mais detalhismo:

> Um microssistema é um padrão de atividades, papéis e relações interpessoais experienciadas pela pessoa em desenvolvimento nos contextos nos quais estabelece relações face a face com suas características físicas e materiais.[27]

> O macrossistema consiste na união das características micro, meso e exossistemas existentes em uma cultura, subcultura ou outra extensão da estrutura social, com particular referência aos sistemas mentalmente instigadores como sistemas de crenças, recursos, riscos, estilos de vida, oportunidades estruturais, opções de rumos de vida e padrões de intercâmbio social que estão encaixados nesses sistemas globais.[28]

Nesta ótica, a ideia da necessária presença de áreas verdes com intuito de viabilizar processos e práticas pedagógicas, na forma dos *pátios ecoeducativos*, toma força. Já que entendemos nesta pesquisa que o pátio escolar faz parte do que Urie chama de mesossistema, entre

---

[26] HORN, 2004, p. 98.
[27] BRONFENBRENNER, U. **Bioecologia do desenvolvimento humano**. Porto Alegre: Artmed, 2011. p. 175.
[28] *Ibidem*, p. 133.

o microssistema (como as salas de aulas) e o exossistema (o bairro que contém a instituição escolar). Sistemas esses definidos por Urie de uma forma muito singular:

> O mesossistema compreende as ligações e os processos que ocorrem entre dois ou mais ambientes, os quais contêm a pessoa em desenvolvimento... Em outras palavras, o mesossistema é um sistema formado por vários microssistemas"[29].

Com Bronfenbrenner, deveríamos enxergar o projeto arquitetônico escolar de modo que ele valorize e detalhe a fundo não somente os ambientes internos, em detrimento do mesossistema configurado na forma de relações entre salas de aulas e pátio escolar. Então, assim como muitos profissionais e pesquisadores já estão a favor dessa conexão com o meio externo, teríamos lugares de aprendizagens interligados e contidos num contexto escolar que abrangeria a unidade inteira da instituição, com reflexos dessas atividades no bairro, inclusive. Ou propostas educativas que considerem a simultaneidade destas três dimensões espaciais.

Quando as interações são capazes de influenciar o bairro em que o pátio e as salas estão inseridos, visualizamos, segundo este pesquisador, o exossistema:

> O exossistema engloba as ligações e os processos que ocorrem entre dois ou mais contextos, nos quais pelo menos um deles não contém ordinariamente a pessoa em desenvolvimento, mas nele ocorrem eventos que influenciam os processos no contexto imediato a que essa pessoa pertence...[30]

Ao se propor uma simbiose entre criança e natureza para a realização plena de processos de aprendizagens, concluímos neste momento que esta pode ser entendida como uma dinâmica simultânea e fluída entre o micro, o meso e o exossistema concebidos por

---

[29] Ibidem, p. 176.
[30] Ibidem, p. 176.

Urie. Inicialmente não tínhamos essa possibilidade de entender essa simbiose como, na verdade, uma bioecologia do desenvolvimento humano, mas, felizmente, encontramos respaldo nas teorias e pesquisas deste docente, escritor e teórico da Psicologia do Desenvolvimento Humano.

Assim como Horn se preocupou em divulgar as ideias de Urie, este nos sela a presença ativa dos sentidos humanos, que tornam os espaços ambientes mais humanizados, qualitativamente presentes no desenvolvimento das crianças, em especial para as suas pesquisas, que partem da observação de bebês.

> [...] percepção, cognição, emoção e motivação envolvem conteúdo psicológico... E desde o começo, muito desse conteúdo está no mundo exterior... desde o início, o desenvolvimento humano envolve a interação do organismo com o ambiente... O externo se torna interno e vice-versa... Isso porque, desde o início, o organismo modela seu contexto, o interno se torna externo, o externo se torna interno...[31]

Se o pátio escolar é apenas um retângulo de concreto com muros e grades, o que será internalizado pela criança também será de uma pobreza ambiental significativa, sensorialmente, espacialmente, socialmente, emocionalmente cognitivamente? Fatos indesejáveis, acreditamos, quando se pensa na qualidade a ser ofertada pela Educação Infantil.

Assim, interpretando também Urie, os docentes deveriam modelar o espaço num trabalho cooperativo com seus pequenos alunos, pois o espaço escolar pode ser entendido como uma extensão, do nosso ponto de vista, do próprio indivíduo em toda a sua complexidade humana, desejando a produção de espaços mais humanos, por serem destinados a seres humanos.

A escola da Educação Infantil também poderia (e deve, como sugere a postura desta pesquisa) solicitar projetos paisagísticos com o intuito de usar o verde como recurso pedagógico em projetos

---

[31] *Ibidem*, p. 202.

integrados, coletivos e cooperativos e visando a conteúdos previstos no currículo escolar.

Qualidade do contato *criança* e *ambiente físico, interações* e *cooperação* são conceitos que devem permear todo um projeto escolar, modificando, assim, a estética e a organização espacial a ser projetada e executada. Olhar defendido neste capítulo. E Jun Okamoto reforça nossa defesa ao citar Esther P. Grossi[32], educadora brasileira, graduada em Matemática e mestre pela Sorbonne de Paris, fundadora do Grupo de Estudos sobre Educação, Metodologia de Pesquisa e Ação (GEEMPA)[33], que define

> [...] o sujeito que aprende como resultante de quatro elementos básicos, a saber: o organismo, o corpo, a inteligência e o desejo. O organismo onde se situam a atuam a inteligência, o desejo e o corpo.[34]

O professor Jun finaliza, agora como arquiteto, seu chamado por mudanças, com seu olhar refinado de décadas dedicado ao magistério: "*A missão da arquitetura é criar espaços sensíveis e estimulantes, que favoreçam o desenvolvimento da existência humana*"[35], que favoreçam o pleno desenvolvimento de nossas crianças, em todas as suas facetas. Mais ainda em seu aprendizado e socialização com colegas e com o meio natural. Sempre acompanhados pelos sentidos humanos.

Um exemplo registrado de como o Paisagismo pode ser assimilado com intuitos didático-pedagógicos (e que provavelmente

---

[32] É casada com o pediatra Sérgio Pillar Grossi, chefe do Serviço de Neonatologia da Santa Casa de Misericórdia de Porto Alegre.

[33] Em 1970, com mais 49 professores de Porto Alegre, Esther P. Grossi funda o GEEMPA, e *coordena*, em Porto Alegre, o projeto "O prazer de ler e escrever de verdade", realizado pelas ONGs GEEMPA e THEMIS, com recursos do Ministério da Educação, e que objetiva a alfabetização de mil mulheres em três meses. Por sua proposta inovadora, a realização do projeto está sendo especialmente acompanhada pela UNESCO e pelo UNICEF e autora de mais de uma dezena de obras sobre matemática, processo cognitivo e alfabetização. É colaboradora assídua de jornais, revistas e publicações especializadas em educação nacionais e internacionais, segundo sua biografia disponível em: ESTHER Pillar Grossi. *In*: WIKIPÉDIA: a enciclopédia livre. [*S.l.*]: Wikimedia, 2006. s/p. Disponível em: http://pt.wikipedia.org/wiki/Esther_Pillar_Grossi. Acesso em: set. 2012.

[34] GROSSI, 1992, p. 69. *In*: OKAMOTO, J. **Percepção ambiental e comportamento**. São Paulo: Pléiade, 1996. p. 85.

[35] OKAMOTO, 1996, p. 191.

agradaria o famoso pintor Monet), presente, desta forma, no cerne da proposta pedagógica dos docentes, foi relatado por Paul Kaufman, escritor e produtor de televisão em Nova York, em *As papoulas e a dança da criação do mundo*[36], quando visitou uma escola de Reggio Emilia (fundador, Loris Magaluzzi).

> *O ar morno e adocicado da primavera está no ar. Uma fila de crianças move-se silenciosamente no campo de papoulas... seguem o caminho através de um mar chamejante em vermelho. "Vocês podem colher algumas flores", diz a atelierista... com... uma câmera de 35mm.*
>
> *Um menino segura uma papoula no alto, na luz do sol, examina-a com óbvio discernimento e a assopra. "Isto é melhor que sorvete", ele murmura. No mais doce dos rituais primevos, duas meninas enfeitam uma à outra... "Eu quero fazer uma coroa de flores em seus cabelos".*
>
> *[...] gritos animados. Uma zebra entrou na ponta extrema do campo: algumas crianças já a viram... seu traje simples, branco e preto, colide deliciosamente com os vermelhos e verdes do campo. Um menino grita: "É a zebra da escola Diana e eu sei quem ela é!" as crianças correm pelo campo para cumprimentar o animal...*[37]

Paul já captara toda a tridimensionalidade ambiental que um jardim poderia ofertar num momento de aprendizado planejado. Sensações brotadas no local fazem-no *explodir* numa experiência sensorial plena: corpo, mente e espírito trabalhando simultaneamente na configuração de uma desafiante experiência.

Paul e sua equipe de televisão pretendiam filmar o projeto das papoulas. Magaluzzi (detalhes a seguir) comenta que vai demorar, pois existem várias etapas. Primeiro as crianças realizam desenhos individualmente, este explica, e depois elas começam a trabalhar em

---

[36] KAUFMAN, P. As papoulas e a dança da criação do mundo. *In*: EDWARDS, C.; GANDINI, L.; FORMAN, G. **As cem linguagens da criança**. Tradução de Dayse Batista. Porto Alegre: Artmed, 1999. v. 1.
[37] EDWARDS; GANDINI; FORMAN, 1999, p. 295.

tal atividade em duplas ou com outras. E concluem o projeto quando todo o grupo cria um trabalho.

Loris Magaluzzi, um intelectual italiano, ainda quando era apenas um jovem professor, interessou-se pela construção de um conceito de escola para crianças pequenas, por quem dedica intenso amor e toda uma vida profissional como docente e fundador das escolas Reggio Emilia. Isto logo após a Segunda Guerra Mundial.

Howard Gardner, já no Prefácio do livro *As cem linguagens da criança*, afirma aos leitores que,

> [...] *sem dúvida, Malaguzzi (como é geralmente chamado) é o gênio condutor de Reggio — o pensador cujo nome merece ser pronunciado com a mesma reverência oferecida a seus heróis Froebel, Montessori, Dewey e Piaget... Malaguzzi dedicou sua vida ao estabelecimento de uma comunidade didática: um grupo impressionante de professores de várias linhas e especialidades que trabalham juntos por anos, até mesmo por décadas, com os pais, membros da comunidade e milhares de crianças, para formar um sistema que funciona*[38].

Howard Gardner é professor formado em Educação pela Harvard University e define este grande projeto educacional como uma coleção de escolas para crianças pequenas onde potenciais — intelectual, emocional, social e moral — de cada criança são *cuidadosamente cultivados e orientados*, imergindo estes alunos em projetos envolventes e de longa duração, em contextos de beleza e em contextos saudáveis.

Conclui Gardner, firmemente: "*Em nenhum outro local no mundo existe tamanha relação harmoniosa e simbiótica entre a filosofia progressiva de uma escola e suas práticas*"[39].

Vejamos as intenções do projeto citado no diálogo entre o fundador e os docentes envolvidos, registrados por Paul, que para este estudo faz dos espaços naturais uma ferramenta pedagógica:

---

[38] EDWARDS (1999, s/p).
[39] *Ibidem*, p. X.

> *"A zebra deveria chegar ao campo de papoulas"*, ele diz. *"Isto será uma surpresa".*
>
> *Ah... Não.. Magaluzzi! – uma professora lamenta-se... A zebra não é parte do projeto. Ela apenas distrairá as crianças.*
>
> *Malaguzzi não volta atrás.*
>
> *As crianças precisam de surpresas – ele diz.*[40]

Novamente a ideia do afastar-se do monótono!

A professora Maria Helena certamente comentaria: É uma experiência para *se sentirem vivas!*

Com Paul, tomamos conhecimento do que acontece entre as crianças após o passeio (vivência/desafio estético ambiental, a pesquisadora diria) no jardim de papoulas:

> *Os ex-cidadãos honorários do campo de papoulas agora espalham-se no chão juntos, pintando um grande mural. As papoulas e seus amigos – gafanhotos, sapos e libélulas – aparecem em uma estética surpreendente que é simultaneamente primitiva e sofisticada... fundidas em uma paisagem primaveril. Enquanto pintam, as crianças. negociam... Malaguzzi vai até onde as crianças trabalham e comenta: "Não são apenas imagens que vêm das mãos e imaginação das crianças que contam, mas também o fruto da harmonia de todas as suas ideias. Colocar as cores, encontrar o equilíbrio certo em uma sinfonia de cores significa para a criança tornar-se o instrumento extraordinário de uma orquestra".*[41]
>
> *Desde o nascimento, as crianças estão em relacionamentos contínuos... Para as crianças, o diálogo abre o jogo... Para os adultos, essas imagens podem parecer fora de foco, mas estão sempre próximas à sensibilidade das crianças.*[42]

---

[40] *Ibidem*, p. 296-297.
[41] *Ibidem*, p. 298.
[42] *Ibidem*, p. 298. Diz Malaguzzi a Paul Kaufman.

Essa experiência registrada por Paul é considerada pela pesquisadora desta tese um impactante *desafio estético na escala ambiental*, necessariamente parte do processo de aprendizagem das crianças da Educação Infantil.

Magaluzzi — nada melhor que o fundador para declarar suas intenções — dialoga com Paul:

> *Pensamos em uma escola para crianças pequenas como um organismo vivo integral, como um local de vidas e relacionamentos compartilhados entre muitos adultos e crianças. Pensamos na escola como uma espécie de construção em contínuo ajuste. Certamente precisamos ajustar nosso sistema de tempos em tempos, enquanto o organismo percorre seu curso de vida, exatamente como aqueles navios-pirata eram obrigados a consertar sua velas e, ao mesmo tempo, manter seu curso no mar.*[43]

Seria (se tomarmos este exemplo como uma metáfora para se refletir tal ponto de discussão) a verdadeira *Terra do Nunca* de J. M. Barrie, em suas histórias sobre Meninos Perdidos, fadas, piratas e Peter Pan (aquela criança que nunca deixa de ser criança) que nunca cresce? Se pudéssemos fazer uma licença poético-literária como esta, a resposta seria: Sim.

Ambos dedicaram a própria vida às crianças na sua vida real e com estreita ligação com elas. Apreciemos Barrie narrador, que parece fundir — simbioticamente — criança com a *Terra do Nunca*. Meio natural onde tudo acontece, capaz de fazer até as crianças sempre crianças, por vezes imersas em natureza selvagem, por vezes em uma natureza domesticada:

> *Não sei se você já viu o mapa da cabeça de uma pessoa. Os médicos às vezes mapeiam outras partes da gente, e o resultado pode ser muito interessante, mas experimente surpreendê-los quando tentam mapear a cabeça de uma criança, que não só é confusa, como nunca para quieta. O mapa fica cheio de zigue-zagues, como um gráfico de temperatura, e provavelmente essas linhas são as*

---

[43] *Ibidem*, p. 72.

> *estradas da ilha, pois a Terra do Nunca sempre é mais ou menos uma ilha, com manchas coloridas aqui e ali e recifes de coral, e um vistoso navio ao longe... grutas banhadas por um rio... uma cabana quase caindo... Se fosse só isso, até que seria fácil... E faça parte desta ilha ou seja um outro mapa o que aparece por baixo, o fato é que tudo isso é muito confuso, principalmente porque nada pára quieto.*
>
> *Naturalmente as Terras do Nunca variam muito... Mas de modo geral as Terras do Nunca se parecem como pessoas de uma mesma família, e, se ficassem paradas, em fila, poderíamos dizer que têm o mesmo nariz e assim por diante. É para essas praias mágicas que as crianças estão sempre levando seus barcos.*[44]

Metaforicamente, facilitando a reflexão, seria como a escola de Malaguzzi, um navio pirata que não pode parar, sempre em movimento, como uma das possíveis Terras do Nunca projetadas por Barrie? Que, mesmo com a necessidade de ajustes, nunca pode parar?

Este momento da pesquisa parece identificar semelhanças entre a história infantil e a ideia de escola na vida real no enfoque de Malaguzzi. E chega à seguinte reflexão: Seria a *Terra do Nunca* uma ideia de escola; e *Peter Pan* e *os Meninos Perdidos*, as próprias crianças e a própria infância em si, em que *nada para quieto*, pois elas parecem buscar as mesmas *praias mágicas* (entendidas como espaços naturais onde elas brincam, imaginam e convivem) para fixar seus barcos (suas criações, suas produções)?

Barrie escreveu a famosa peça *Peter Pan e Wendy*, segundo o livro citado[45], em 1903, na época em que ele se tornara amigo dos cinco filhos de Arthur e Sylvia Llewellyn Davies, os quais o acompanhavam quase sempre em passeios pelo parque londrino Kensington, escrevendo sobre sua amizade com o pequeno George em *O pequeno pássaro branco* (1902), onde Peter Pan aparece pela primeira vez (mais

---

[44] BARRIE, J. M. **Peter Pan e Wendy**. Ilustrações de Michael Foreman. Tradução de Hildegard Feist. São Paulo: Companhia das Letrinhas, 1999. p. 12-13.

[45] *Ibidem*, p. 216-217.

detalhes serão comentados a seguir), personagem que surgiu inspirado no caçula dos Llewellyn Davies, também chamado Peter.

Cinco crianças, um escritor e um jardim parecem ter propiciado um momento criativo inédito, originando livros e peças até hoje apreciados por gerações.

Milhares de crianças, um jovem professor e um campo de papoulas parecem também ter viabilizado momentos de criação com intuito educativo como nunca se viu, apoiando os elogios de Gardner a Malaguzzi.

Como se Barrie quisesse nos alertar, penso com olhar de educadora, aviso o leitor, como este pensamento do escritor-narrador poderia facilmente se confundir com o de uma docente da Educação Infantil que sentisse necessidade de tornar mais plenas suas experiências e atividades com seus pequenos alunos, seres de uma intensa imaginação e agitação: *"Nós também estivemos lá; ainda conseguimos ouvir o barulho das ondas quebrando, se bem que nunca mais desembarcaremos lá"*[46].

Como alcançar uma simbiose entre crianças e natureza visando ao aprendizado, se agora somos adultos e, por isso, a cada dia vamos nos esquecendo das nossas mais ternas lembranças de infância? Um precioso repertório de imagens, gestos, pessoas e paisagem que poderiam facilitar o entendimento do próprio conceito do que é ser criança?

Cada vez mais buscamos pesquisas, livros, entrevistas e matérias compensando essa perda, já que acreditamos que, quanto mais o docente se lembra de como ele era quando criança, mais fácil seria entendê-los. Se o leitor concordar?

Este *Nós também estivemos* lá seria uma alusão de Barrie à nossa própria infância esvaecida? Por isso nunca mais conseguiríamos chegar até lá, pois nunca mais poderíamos voltar à condição de crianças? Mas ao mesmo tempo, já sensibilizados por esta nova condição — de adultos —, poderíamos ainda (com aparente olhar

---

[46] *Ibidem*, p. 13.

otimista do escritor; em outra metáfora) *ouvir o barulho das ondas quebrando*, lembrarmo-nos de momentos da infância que são capazes de mudar nossa própria relação com as crianças que nos circundam.

Esta passagem, mesmo que na forma de uma história infantil, é tão marcante quanto qualquer teoria que buscássemos.

E como Magaluzzi conseguiu conceber o projeto das papoulas ou de outras atividades com tamanha compreensão, atenção e respeito para com as suas crianças?

Destacaremos, na tentativa de estruturar suas ideias de modo ainda muito simples, mas didático, o que esse fundador das escolas de Reggio Emilia pensa sobre, é claro, o espaço escolar. *"As paredes de nossas pré-escolas falam e documentam..."*[47]

Em um primeiro aspecto, o espaço, para ele, é *o espaço que documenta*[48]. As paredes, o chão e, também, o teto devem ser usados para divulgação de todas as atividades produzidas pelos alunos, acessíveis aos pais e à comunidade. Não se restringindo ao interior das salas de aula ou dos ateliês.

Em segundo, um *espaço que ensina*[49].

Quem contribuiu com a nossa pesquisa sobre esse segundo aspecto, durante esse percurso de descobertas, foi a docente e pesquisadora específica da área da Educação Infantil Angela M. S. Coutinho, da Universidade Federal de Santa Catarina, minutos após (em conversa direta com a pesquisadora desta) a palestra Metodologias de Pesquisa e a Visibilidade dos Bebês[50].

Procuramos essa palestra pois, como afirma Coutinho, estudos sobre a Infância — de 0 a 3 anos — são de pequena produção acadêmica (mundial, segundo a palestrante; sendo o Brasil o atual

---

[47] EDWARDS; GANDINI; FORMAN, 1999, p. 155.
[48] FRANÇA, L. C. M. **Caos-espaço-educação**. São Paulo: Annablume, 1994.
[49] EDWARDS; GANDINI; FORMAN, p. 157.
[50] Parte do ciclo de palestras que aconteceram de 4 a 6 de setembro de 2012, na cidade universitária da Universidade de São Paulo (USP), no VI Congresso Paulista de Educação Infantil, simultâneo ao II Congresso Internacional de Educação Infantil, realizado neste período no Serviço Social do Comércio (SESC) Vila Mariana. Neles a pesquisadora da então dissertação esteve presente como ouvinte todos os dias.

pioneiro na área), comparados às demais faixas etárias, pela pouca verbalização com uso da linguagem por parte dos bebês. Fato que poderia levar a interpretações errôneas por parte dos pesquisadores.

No entanto, a docente Angela M. S. Coutinho realizou uma pesquisa em uma escola de Educação Infantil em Portugal, estando quase que diariamente em contato com uma turma de bebês (que já andam), e ela pôde afirmar que eles já têm afinidades por uns (preferências por um amigo-bebê); e, por outros, oposições; e toda uma relação social, mesmo que com base em sons, e gestos, e expressões corporais utilizados no lugar da linguagem ainda em construção.

Refletimos, após a palestra, que, se nem a criança em si (e/ou relacionada com outros bebês) está sendo estudada dentro da ainda recente Sociologia e Psicologia da Infância, mais raros (praticamente inexistentes) são os estudos sobre projetos escolares personalizados para essas crianças. Preocupação desta pesquisa em desenvolvimento.

Durante a palestra, a docente Angela afirma a necessidade de pesquisas e estudos com equipes interdisciplinares a fim de esboçarem um panorama do complexo universo do ser humano em sua primeira infância, já que, como ressaltou também, muitas contribuições já estão vindo de outras áreas fora da Pedagogia.

Com particular foco nesta tese, a docente, uma das poucas a se dedicar a estudos em Doutorado e Mestrado direcionados à educação de bebês em ambiente escolar, afirmou-nos, em conversa pós-palestra, que o meio acadêmico brasileiro já tem divulgado muito esse novo e genuíno olhar sobre o que seria o espaço (olhar italiano), em especial voltado ao ensino de crianças pequenas em instituições escolares: o espaço físico como *o terceiro educador*.

As escolas da região da Itália chamada Reggio Emilia propõem dois educadores por turma da Educação Infantil. Sendo assim, o terceiro educador é o próprio espaço escolar, que tem a função de ensinar e não é entendido apenas como um lugar para acolher o ser humano afastando-o das intempéries ou isolando-o de outros ambientes.

Observemos a sutileza, a originalidade, a profundidade e o refinamento deste conceito, agora comentado por Lella Gandini[51], com aprovação de Malaguzzi, acerca do espaço físico dedicado a crianças em contexto educacional, fazendo, possivelmente, até arquitetos — profissionais que estudam e criam espaços, a priori — se surpreenderem:

> *A fim de agir como um educador para a criança, o ambiente precisa ser flexível; deve passar por uma modificação freqüente pelas crianças e pelos professores a fim de permanecer atualizado e sensível às suas necessidades de serem protagonistas na construção de seu conhecimento. Tudo o que cerca as pessoas na escola e o que usam... não são vistos como elementos cognitivos passivos, mas, ao contrário, como elementos que condicionam e são condicionados pelas ações dos indivíduos que agem nela.*[52]

E Gandini marca, com as palavras de Magaluzzi, uma pioneira interpretação sobre o espaço e sobre a espacialidade na Educação de crianças na primeira infância. Convergente e propulsora de parte relevante da postura aqui adotada nesta pesquisa:

> *Valorizamos o espaço devido a seu poder... de oferecer mudanças, de promover escolhas e atividade, e a seu potencial para iniciar toda a espécie de aprendizagem social, afetiva e cognitiva...*

> *Também pensamos que o espaço dever ser uma espécie de aquário que espelhe as idéias, os valores, as atitudes e a cultura das pessoas que vivem nele (Malaguzzi, 1984).*[53]

Num olhar muito original, volta-se novamente a evocar paisagens naturais, agora configuradas em forma de um aquário. Agora como que quisesse decifrar um microcosmo escolar (sala de aula ou

---

[51] Lella Gandini é coautora do *As cem linguagens da criança*, como Paul Kaufman. Contato que liga os Estados Unidos com o Departamento de Educação Infantil, na Reggio Emilia. E professor-adjunto da Faculdade de Educação da Universidade de Massachusetts, em Amherst.

[52] EDWARDS; GANDINI; FORMAN, p. 157.

[53] RIBON, M. **A arte e a natureza**. São Paulo: Papirus, 1991.

outros ambientes). Antes, na tentativa de esboçar a grandiosidade da Escola em si, um navio pirata a sempre desbravar territórios desconhecidos e a encontrar pessoas ainda por conhecer.

Poderia aqui tentar um aprofundamento de outros conceitos interligados na proposta educacional de Magaluzzi de modo intrínseco e complexo, mas deveremos dar atenção também a como espaços tais quais jardins ou campos naturais — entre outros espaços naturais — foram trabalhados por estas escolas.

Logo, podemos declarar que, não sendo *um espaço que educa*, só lhe resta a aparência de um simples *playground*, existente em inúmeros prédios residenciais. Com direito a umas aulas de esportes, também como já acontecem nestes espaços, no caso de quadras de *tennis* com professores particulares que passam a frequentar estes edifícios de moradia (em alguns casos, já se vê isto acontecendo em edifícios comerciais e institucionais, com academias inteiras instaladas). Assim, não entendidos como uma verdadeira sala de aula ao ar livre! Pois o são, e Magaluzzi pode nos ensinar mais sobre isto. Por exemplo, em *As cem linguagens da criança*, destacaremos o "Ensaio fotográfico" que registrou a atividade "A inteligência de uma poça"[54].

Esta se realizou como projeto da Escola Diana, uma escola situada dentro de um parque municipal de Reggio Emilia, que atende a crianças de 3 a 6 anos, que compreendia a poça formada após uma chuva como *um universo a ser observado*[55].

Vea Vecchi[56] registrou frases das crianças durante esta experimentação ao ar livre com intuito pedagógico da referida escola:

> *"A água é preguiçosa, mas, quando caminho nela, ela faz pequenas ondas. Ficam cada vez maiores". "Ei, eu posso me ver!" – "Eu também! as cores estão todas sujas!"* As crianças exclamam umas para as outras enquanto exploram a poça.

---

[54] EDWARDS; GANDINI; FORMAN, 1999, p. 136-141. Atividade programada pela Escola Diana, publicada em 1990 pela comunidade Reggio Emilia.

[55] *Ibidem*, p. 136.

[56] É atelierista (como são chamados os docentes) do Departamento de Educação Infantil de Reggio Emilia.

> *"Socorro! Ei caras, estamos embaixo d'água!"* – *"Eu posso tocar o topo da árvore, porque este é um outro mundo, um mundo d'água".*[57]

Vecchi informa-nos que, depois desse primeiro contato das crianças com uma simples poça d'água, os professores, numa área verde ao ar livre (parecendo o próprio pátio escolar, na foto), colocam um espelho no solo. Leitor, surpreenda-se com o que esse mesmo grupo de crianças passa a exclamar: "'*Ei, agora as cores estão certas!*' – '*Socorro, eu estou caindo no buraco do mundo!*'"[58]

Seria loucura (entendida como um modo poético de comparar) vermos uma semelhança com Alice caindo no buraco que a levará ao País das Maravilhas?

Teria Alice Liddell (menina que teria inspirado o escritor Carroll ao *Alice no país das maravilhas*) olhado para uma poça como esta ou para um espelho como este e também gritado *estou caindo no buraco do mundo!*?

Vea Vecchi termina de registrar a atividade comentando que, depois daquele segundo momento — do espelho no chão —, os professores pediram para as crianças desenharem árvores e pessoas, colocando, assim, esses desenhos em torno do espelho. E mais conclusões formadas (de *maravilhar* qualquer professor de Ensino Fundamental de Física, Matemática e Geometria, por exemplo) por cada criança enriqueceram esse processo de aprendizagem na educação de crianças pequenas, disparado por um ambiente ao ar livre:

> *"Quando você está perto de uma poça, você vê tudo, mas se você está longe, você vê cada vez menos". "Mas se eu abaixo minha cabeça bem perto, eu vejo também as árvores que estão longe".*
>
> *As crianças fazem mais observações enquanto movem as árvores e as pessoas para frente e para trás e então desenham o que notaram.*[59]

---

[57] EDWARDS; GANDINI; FORMAN, 1999, p. 137.
[58] *Ibidem*, p. 138.
[59] *Ibidem*, p. 139.

Para o leitor que se interessou ainda mais por este entendimento diferenciado sobre a capacidade do espaço em participar ativamente dos processos de aprendizagem, segue mais um inovador projeto das escolas de Magaluzzi: um projeto da escola Villetta, chamado *A Cidade e a Chuva*[60], que durou meses (meses!) e teve como meta fazer as crianças da Educação Infantil valorizarem os espaços que cercam sua escola, considerados (atenção!) como *extensões do espaço da sala de aula*[61], como a vizinhança da escola e os marcos da cidade.

Lella Gandini[62] expõe didaticamente as intenções e o desenvolvimento do projeto em poucas linhas:

> *[...] um projeto levado avante por muitos meses pela escola Villetta, durante o qual as crianças saíram para explorar o modo como a cidade transforma-se durante os períodos de chuva. Esse projeto levou as crianças e os professores a explorarem juntos primeiro a realidade da cidade sem chuva, tirando fotografias em locais tanto conhecidos quanto menos familiares, formando hipóteses sobre como a chuva poderia mudá-los. Uma vez que naquele ano em particular, depois de iniciado o projeto, a chuva levou várias semanas para vir, as crianças tiveram muito tempo para preparar as ferramentas e o equipamento que consideravam úteis para observarem, coletarem, medirem, fotografarem e registrarem tudo sobre a chuva. Nesse meio-tempo, as expectativas das crianças cresciam imensamente...*
>
> *Quando uma boa chuvarada finalmente chegou, a experiência foi febril e exultante. As crianças perceberam como as pessoas mudavam o ritmo e a postura ao caminhar, como os reflexos brilhantes e os esguichos das poças mudavam as ruas...*

---

[60] *Ibidem*, p. 149. Esse projeto fez parte da exposição *As Cem Linguagens da Criança*, que inspirou o nome para este livro.
[61] *Ibidem*, p. 148.
[62] Profissional que mantém contato entre o Departamento de Educação Infantil da Reggio Emilia com os Estados Unidos. Professor Adjunto da Faculdade de Educação da Universidade de Massachusetts, em Amherst.

> *Então, após experienciarem a primeira chuva... engajaram-se em representar muitos de seus aspectos. Isso, por sua vez, levou a questões adicionais, a hipóteses e a explorações que a professora e a atelierista documentaram fartamente.*[63]

Docentes de Artes e paisagistas podem compreender estes projetos por serem possíveis apenas quando se valorizam o ambiente externo, natural e construído. Numa dimensão educativa onde paredes não podem bloquear ou limitar o alcance do olhar crítico desses pequenos alunos durante essas experiências ao ar livre, estes puderam estar em comunhão com a Natureza e a Cidade.

Projetos planejados e sempre carregados de propostas educativas engajadas num amplo sistema de escolas que entendem que a própria noção do que é espaço escolar é dinâmica e parte de um macrocosmo que vai além do território escolar. Aqui, o espaço externo é complexo, ativo e agrega outras leituras de paisagem.

Adotando-se este olhar de qualquer espaço (interno e externo) como sendo o *terceiro educador*, enraizaremos o pátio escolar no cerne das propostas pedagógicas, tornando-o obrigatório no conhecido *Programa de Necessidades* que um arquiteto utiliza para definir o que será projetado.

Quem anuncia sobre a necessidade de os docentes de crianças, em especial (por ser um congresso de Educação Infantil) interferirem mais no projeto arquitetônico de sua escola, se eles desejassem mudá-lo, é a arquiteta paulista Ana Beatriz Goulard Faria, militante por mudanças na qualidade dos espaços escolares, a qual foi ouvida pela pesquisadora na palestra Arte e Processos de Criação, realizada no Museu de Arte Contemporânea da USP, durante o VI Congresso Paulista de Educação Infantil (citado nesta pesquisa).

Ana fala, emocionada, aos docentes ouvintes que, se for necessário, peçam para *marretar* as paredes[64] que possam estar empobre-

---

[63] EDWARDS; GANDINI; FORMAN, 1999, p. 149.

[64] Para quem não é arquiteto, ela esclarece que a maioria das paredes pode ser demolida, pois o que funciona são os pilares para sustentarem telhados ou andares superiores. Exceto quando encontramos uma parede estrutural, rara de ser vista nos dias de hoje, como as do Museu do Ipiranga. A parede

cendo sua prática pedagógica. Já que muitos acham aqui no Brasil, como foi comentado na referida palestra, que paredes, portas, janelas e divisórias são elementos fixos e impossíveis de serem eliminados.

Faria tem sua carreira como arquiteta voltada a projetos escolares e desenvolve pesquisas sobre como a criança constrói a imagem de cidade na escola, como discípula declarada (como ela mesma disse em entrevista informal à pesquisadora após a palestra) de Mayumi de Souza Lima (já falecida). Segundo a arquiteta[65], a criança do futuro não vai procurar ambientes ultratecnológicos, já contemplados em ambiente virtual pelo computador doméstico. Ela sim procurará *espaços onde possa brincar, pensar, criar e trocar ideias*.

Ainda a mesma matéria divulga:

> *Por que a internet parece ser mais interessante que a sala de aula?*
>
> *"Porque esse é um espaço colorido, dinâmico. A imersão nos ambientes virtuais permite o que não se consegue experimentar na escola: escolher seus próprios caminhos, ver outras paisagens, interagir com o espaço", diz.*
>
> *Por isso mesmo, as construções do futuro terão de se preocupar muito mais com aquilo que computadores e novas tecnologias não podem oferecer.*[66]

Para isso, com olhar de arquiteto, devemos prever estas propostas pedagógicas na essência do Estudo Preliminar do projeto arquitetônico (a nosso ver, arquitetônico-paisagístico) tais como oportunidades de exploração sensorial e espacial.

---

toda, só neste caso (posso afirmar como arquiteta), suporta o peso do que está acima dela, como se fosse um pilar muitíssimo largo. Se demolido, desabariam todos os elementos e andares acima dele.

[65] Opinião exposta em matéria disponível no site do Centro de Referência em Educação – Mário Covas, intitulada "A escola do futuro" (Disponível em: http://www.crmariocovas.sp.gov.br/noticia.php?it=4853. Acesso em: 10 set. 2012. Publicada originalmente em: SOUSA, A. F. A escola do futuro. **Superinteressante**, [S.l.], 28 fev. 2001. s/p. Disponível em: https://super.abril.com.br/tecnologia/a-escola-do-futuro. Acesso em: 1 set. 2023.

[66] *Ibidem*, s/p.

É o que Paulo Meireles Barguil, mestre em Educação Brasileira com Licenciatura em Pedagogia, chama de *currículo oculto*, em seu precioso livro *O homem e a conquista dos espaços: o que os alunos e os professores fazem, sentem e aprenderam na escola*[67], em "O currículo 'oculto' do prédio escolar". Ele cita Lilian Cristina Monteiro França[68] para resumir, de modo qualitativo, sua posição sobre esse elemento invisível presente no contexto escolar e influenciador de práticas pedagógicas:

> As escolas têm uma estrutura física. Essa estrutura tem uma história e sua razão de ser. O componente arquitetônico vem sendo visto mais como uma contingência, como uma necessidade de delimitar um espaço reservado para a educação do que como um fator de peso nas relações que vão se estabelecer nesse espaço. Sua desatualização... e rigidez, compactuam na interiorização de relações hierárquicas que se ligam a uma necessidade de veicular os valores ultrapassados que persistem.

Barguil afirma, desta maneira, que *"estudar a relação entre organização social e padrão espacial significa admitir, como hipótese inicial de trabalho, que arquitetura e organizações sociais interagem... sendo arquitetura uma expressão de ideias sociais consensuais sobre a função social... do programa e da organização espacial"*[69].

E o autor mostra preocupação pela aparente desconsideração do papel do espaço físico na escola, dando a impressão de que na atualidade se projetam espaços físicos que ignoram os aspectos educativos dissociados com a proposta pedagógica. Ou seja, ignoram a existência de um *"currículo oculto"* no prédio escolar (conclusões apoiadas nas ideias de Meighan e Moussatché).

Voltando com Loris Magaluzzi, fundador do sistema Reggio Emilia, tal contradição já foi superada, E, já adiantando conclusões, as escolas da Reggio Emilia são capazes de dialogar com espaços abertos

---

[67] BARGUIL, P. M. **O homem e a conquista dos espaços**: o que os alunos e os professores fazem, sentem e aprenderam na escola. Fortaleza: LCR, 2006.
[68] FRANÇA, 1994, p. 98.
[69] BARGUIL, 2006, p. 151.

— como seus próprios pátios e áreas verdes — e com o entorno e a cidade em si que as contém pela superação desta problemática *supra*. Leiam e percebam como a escola mudou neste aspecto, quando se viabilizou a criação dos ateliês:

> *Não escondo a imensa esperança que investimos na criação do atelier... Ainda assim, se pudéssemos, teríamos ido mais longe, criando um novo tipo de escola, composta inteiramente por laboratórios similares a ateliers. Teríamos construído uma escola feita de espaços onde as mãos das crianças pudessem estar ativas para "criar o caos" (no sentido que David Hawkins nos explicaria melhor, depois). Sem possibilidade para o tédio, as mãos e as mentes se engajariam com uma alegria intensa e libertadora, como ordenada pela biologia e pela evolução.*
>
> [...]
>
> *O atelier, um espaço rico em materiais, ferramentas e pessoas com competência profissional...*
>
> [...]
>
> *O importante era ajudá-las (as crianças) a encontrar seus próprios estilos de trocar com os colegas tanto seus talentos quanto suas descobertas.*

A preocupação para o "matrimônio" entre espaço físico e ser humano em sua primeira infância pode ter extensões — como compreendemos neste estudo — ainda muito recentemente identificadas em estudos na área da Obstetrícia. Uma área que possivelmente um educador ou profissional da Educação pode nem sequer, até esta linha, ter imaginado. Mas que nos pareceu promotora de novos olhares mediando novas posturas na defesa por compreender os espaços enquanto ambientes de aprendizagem ativos em prol de Teorias Educacionais.

As crianças, mais a priori que os alunos jovens e adultos, devemos destacar, estão há pouco tempo nascidas, ou seja, fora do ventre materno. Tanto que a pesquisadora o considera, neste enfoque ambiental, o primeiro *pátio ecoeducativo*. Este que as acompanhou desde suas primeiras células até a completa formação física, mental e espiritual.

Espaços cinestésicos ainda são assunto recente em disciplinas de Arquitetura como em Conforto Ambiental. Matéria que só veio a ser oferecida nos fins da década de 1990, na maioria das instituições aqui no Brasil.

Retomando a professora Maria Elena, ela comenta que Michel Ribon considerava que, apesar de o jardim ser *"uma natureza preparada, uma natureza domada... a arte dos jardins não é simples objeto de ornamentação, é uma arte de viver; uma arte de descansar da vida e de seu tumulto... O jardim realiza o mito da ilha encantada que, protegida dos ventos do cosmos e da história, torna a se fechar num espaço tranquilizador... o da imaginação ocupada em se encantar com suas próprias produções, dentro do jardim"*[70].

A saber, Michel Ribon, francês, filósofo, professor universitário especialista em Estética e Filosofia da Arte, escreveu um livro intitulado *A arte e natureza*[71], em que o autor reflete sobre a arte como espelho da natureza ou ambas como reflexo do espírito.

Indo *beber na fonte* de Michel Ribon, em seu precioso livro *A arte e a natureza*, o professor e filósofo disponibilizou também vários textos de relevância sobre as possíveis relações entre Arte e Natureza, de autores como Platão, Kant, Plotino, Hegel, Aristóteles, Nietzsche, entre outros ilustres, mas destacaremos o texto de Rousseau[72] sob o título *O JARDIM, ILHA DESERTA E ENCANTADA*[73]. Este se converge com a ideia do jardim exposta anteriormente, entendido em uma de suas facetas enquanto *ilha encantada*.

Neste singular texto, Rousseau descreve uma experiência sensorial na verdade num pomar muito específico. Mesmo que muito

---

[70] VIEIRA, 2007, p. 57.
[71] RIBON, 1991.
[72] *Ibidem*, p. 173-174.
[73] ROUSSEAU, J.-J. **A nova Heloísa**. Paris: Gallimard, 1964. (Coleção Bibliothèque de La Pleiáde). Texto original em *La nouvelle Héloïse*. t. 2, Parte 4, Carta XI, p. 471 *et seq*.

perto de uma casa, ele consegue se camuflar devido a uma intensa cobertura vegetal que o rodeia. E vale a pena exemplificar como o contato com a natureza, mesmo que no caso domesticada (em parte selvagem, pelo aparente abandono e descuido), pode propiciar sensações inesquecíveis a ponto de se sentir em outro lugar, como numa ilha deserta (como comenta Ribon na passagem destacada *supra*), mesmo que adjacente a uma habitação:

> [...] *ainda que bem próximo à casa, está de tal forma oculto pela aléia coberta que dela o separa, que não se percebe de parte alguma. não percebendo nenhuma porta, encontrei-me lá como que caído das nuvens... pareceu-me ser o primeiro mortal a penetrar naquele deserto. Enquanto o extremo calor tornava fora e dentro da casa igualmente insuportáveis, entrando nesse pretenso pomar fui tocado por uma agradável sensação de frescor... flores espalhadas... murmúrio de água corrente e o canto de mil pássaros trouxeram tanto à minha imaginação quanto aos meus sentidos.*[74]

E continua a enfatizar a sensorialidade desse espaço ajardinado e que poderia ter inspirado escritores como Lewis Carroll a descrever a sensação que Alice sentiu ao ver pela primeira vez, mesmo que de longe, o famoso País das Maravilhas (ver epígrafe deste capítulo). E quantas histórias infantis não foram criadas partindo das sensações e subjetividades geradas pelo contato do ser humano com jardins, paisagens ou um simples vaso de girassóis. Não é, caro leitor. *"Esse lugar é encantador... a água veio não sei como... Tudo é verdejante, fresco, vigoroso, e a casa do jardineiro não aparece: nada desmente a ideia de uma ilha deserta, que me veio quando entrei..."*[75]

Poderíamos especular que o ventre materno, durante a gestação, tem semelhanças com essa tão sonhada e desejada ilha? Com água por todos os lados, calor e solo macio? Deixemos a reflexão da pesquisadora para o leitor interessado em possíveis visualizações estéticas.

---

[74] RIBON, 1991, p. 173-174.
[75] *Ibidem*, p. 174.

No mais, essa experiência tão latente e de profundo deleite sensorial, bem-estar psíquico e corpóreo que Rousseau fez questão de nos deixar, ainda hoje tão presente, fez-me visualizar cenas inesquecíveis de dois filmes muito singulares. O primeiro é *O Jardim Secreto*[76].

Parece explícito, agora pós-leitura de Rousseau e de Ribon, que Mary (a pequena protagonista do filme, interpretada por Kate Maberly) teve uma experiência muito congruente como nestes dois textos.

Lembremo-nos também das mensagens e cenas de outro filme, o *Em Busca da Terra do Nunca*[77], outra obra artística que enfatizou a ligação entre o futuro escritor de *Peter Pan e Wendy* (primeira versão oficial em livro, de 1911, da história infantil hoje intitulada apenas como *Peter Pan*) — James Matthew Barrie, dramaturgo e escritor escocês que se mudou para Londres — e um jardim muito conhecido: os Jardins de Kensington[78], em Londres. Fato que podemos comprovar pela existência, nos dias de hoje, de uma estátua de Peter Pan no local, ponto turístico obrigatório para quem teve ou terá a oportunidade de conhecer esse jardim real. E também pelo romance de sua autoria nomeado *Peter Pan in Kensington Gardens*, de 1906.

Segundo *Peter Pan e Wendy*[79], *que traz o texto integral mais próximo do original de Barrie na versão traduzida para o Português*, o

---

[76] O JARDIM Secreto. Direção: Agnieszka Holland. Estados Unidos; Reino Unido: Warner Bros., 1993. 1 DVD (102 min), color. Título original: *The Secret Garden*. DVD adquirido pela pesquisadora em dezembro de 2011.

[77] EM BUSCA da Terra do Nunca. Direção: Marc Forster. Estados Unidos; Reino Unido: Film Colony, 2004. 1 DVD (106 min), color. Título original: *Finding Neverland*. Adquirido pela pesquisadora em dezembro de 2011.

[78] Para saber mais sobre esse famoso jardim, visite o site: http://www.royalparks.org.uk/parks/kensington-gardens. Acesso em: 28 ago. 2012. William III comprou esse lote do que originalmente fazia parte do Hyde Park, em 1689. O rei tinha asma, uma doença respiratória muito comum ainda hoje, e teria encontrado o local ideal para sua recuperação, calmo e com ar puro. Com a rainha Anne, o jardim foi ampliado em meados do início do século XVIII e ainda hoje é particularmente popular para banhos e piqueniques. Também é muito popular para caminhadas e passeios O ciclismo é permitido. Ainda seu papel principal é entendido como um refúgio pacífico para as pessoas que vivem, trabalham ou visitam Londres Central. Cerca de 750 mil pais e crianças podem desfrutar o parque infantil cada ano. Os jardins, com suas árvores antigas e magníficas, e o Palácio Kensington são atrações. Este último, o berço da Rainha Victoria, que viveu ali até que ela se tornou rainha em 1837.

[79] BARRIE, 1999, p. 215.

escritor nascera na Escócia em 1860 e passou sua infância brincando de teatrinho com um amigo e encenando peças numa lavanderia que existia em frente à sua residência. E, para a nossa surpresa, o texto afirmou que esse pequeno local foi *"o modelo da casinha que os Meninos Perdidos construíram para Wendy na Terra do Nunca"*[80]. E que Barrie tinha prazer em contar histórias de ilhas desertas. E que sua história predileta era a chamada *A ilha do Coral*, de Ballantyne, afirmando neste momento que foi a principal inspiração para ele imaginar e criar a Terra do Nunca.

Em 1885, já como escritor profissional, mudou-se para Londres em busca de melhores oportunidades. Casou-se em 1894 com Mary Ansell, uma atriz que criava cachorros, sendo um deles *um são-bernardo parecido com a Naná de Peter Pan*[81].

Tanto no filme *Em Busca da Terra do Nunca* quanto neste texto parte da nota sobre o autor em *Peter Pan e Wendy*, podemos ter a certeza de que o escritor passeava constantemente com esse animal no *Kensington Gardens* e que ele ficou nesse local amigo de Sylvia e seus filhos, os quais definiram sua obra e redefiniram também sua vida pessoal. Em especial, George Llewellyn Davies, que, segundo o livro em questão, seria o que originou a *figura de Peter Pan*[82].

A mistura criança & jardim pôde ter feito J. M. Barrie (interpretado por Johnny Depp) a imaginar a famosa história conhecida mundialmente na atualidade. Desde as primeiras cenas do filme, o espectador confirma que o escritor esteve nesse ambiente paisagístico inúmeras vezes. Inicialmente sozinho e depois na conquistada e recente amizade com os filhos de Sylvia Llewelyn Davies (interpretada por Kate Winslet), já viúva quando se conheceram, por acaso, nesse ilustre jardim.

Temos belas cenas das crianças de Sylvia correndo por *Kensington Gardens*. Cenas filmadas no local e na própria residência

---

[80] *Ibidem*, p. 215.
[81] *Ibidem*, p. 216.
[82] *Ibidem*, p. 217.

onde os irmãos de Wendy e a própria Wendy *voarão* em direção à *Terra do Nunca*.

O filme é rico em detalhes da vida do escritor e nos possíveis momentos que poderiam ter inspirado cenas do livro, como as crianças que pareciam voar, a cachorra Naná, que seria a mesma da história, gestos que contribuíram para imaginar a mãe de Sylvia como o conhecido *Capitão Gancho*. Mas, aqui, nesta pesquisa sobre natureza e crianças em simbiose, com o olhar de Rousseau e de Ribon, passamos a destacar que seria possível a *Terra do Nunca* ser o próprio *Kensington Gardens*, num primeiro momento ou numa das possíveis interpretações da pesquisadora.

Com em *O Jardim Secreto*, a porta com muros que rodeiam o pomar de Rousseau ou a porta trancada a chaves que Mary teve que abrir nos levam a imaginar, agora, simbolicamente, que a janela da ainda existente residência *de Wendy* (na realidade, da família de Sylvia Llewelyn Davies), na verdade, também é um portal (uma porta) que tem como função o olhar voltado para o jardim de Kensington.

Não poderíamos especular assim, de modo simbólico e estético? Um jardim, até hoje, com presença marcante de cercas vivas em forma de labirintos e outros ambientes externos, com seus muros invisíveis, dados pelo projeto paisagístico, em forma de recantos mais tranquilos filmados em 2004 neste *Em Busca da Terra do Nunca*.

Johnny Depp, interpretando Barrie, em várias cenas mostra-se inspirado pelas brincadeiras das crianças nesse jardim real e até mesmo sugere que a família vá com ele a uma residência de campo, na qual promove peças teatrais ao ar livre, fazendo as próprias crianças criarem a história neste espaço agora, de uma natureza mais selvagem. E não como, inicialmente, numa paisagem projetada. Mas ambas com igual importância para todo o desenvolvimento do que viria a ser formatado em peças teatrais apresentadas em Londres e em livro intitulado *Peter Pan e Wendy*[83].

---

[83] A pesquisadora leu e analisou a seguinte versão de Peter Pan, por trazer o texto integral do original e importantes notas sobre o autor: BARRIE, J. M. **Peter Pan e Wendy**. Ilustrações de Michael Foreman. Tradução de Hildegard Feist. São Paulo: Companhia das Letrinhas, 1999.

Ao assistir ao filme inúmeras vezes, como a pesquisadora fez com os demais filmes citados, captamos uma atmosfera que nos induz a dizer que esse jardim, hoje um parque público londrino parte dos chamados *Parques Reais de Londres*, em contato com esta família e com o escritor, pode ter disparado a imaginação deste. Sem este tripé, poderíamos nunca ter conhecido uma história como esta. E, considerando os textos escolhidos de Rousseau, configurou-se numa verdadeira *Ilha Deserta e Encantada*; ou, em Ribon, *uma natureza preparada, uma natureza domada... realiza o mito da ilha encantada... o da imaginação ocupada em se encantar com suas próprias produções, dentro do jardim*[84]. Assim, tanto no romance de Heloísa quanto com Mary ou com Barrie, jardins são ambientes da arte de viver, abusando das palavras de Maria Helena. E, ao mesmo tempo, fontes do despertar criativo de crianças, jovens e adultos.

A porta-janela de Wendy só poderá ser aberta com chaves invisíveis, por vezes só aberta por crianças com uso da imaginação. Raros são os adultos, nestes casos (filmes), que abrirão essa porta para um mundo onde o meio natural faz florescer histórias, amizades, criatividade, mensagens que serão passadas de geração por geração. Fato que faz sinalizarmos para uma possível afirmação, de que realmente a simbiose entre crianças e natureza pode contribuir significativamente com processos de aprendizagens em ambientes educativos.

Pudemos, aliás, conhecer e refletir sobre um terceiro filme, *Hook - A Volta do Capitão Gancho*[85], agora com o ator Robin Williams como Peter Pan (com 40 anos, filhos e esposa), que parece ter dado uma dica sobre o acesso destes poucos adultos à *Terra do Nunca*. Até mesmo do Capitão Gancho (interpretado por Dustin Hoffman), sempre um adulto em todas as versões das histórias de Peter Pan, mas já um pouco idoso, como descobriremos no fim do filme, e que aparentemente teve estudo e de bons modos. Como mostra

---

[84] VIEIRA, 2007, p. 57.
[85] HOOK - A Volta do Capitão Gancho. Direção: Steven Spielberg. Estados Unidos: Amblin Entertainment, 1991. 1 DVD (144 min), color. Título original: *Hook*. Adquirido pela pesquisadora em dezembro de 2011.

seu vestuário refinado e em cenas como a que ele ensina aos filhos (raptados) de Peter Pan suas ideias, dentro do navio que mais parece uma verdadeira sala de aula. Fechada, repleta de objetos e livros e instrumentos, com cadeiras e mesas, como um professor lecionando ainda hoje em inúmeras instituições. E, por estas *aulas*, pretende manipular a mente destas crianças para fazê-las esquecer seu próprio pai. Na verdade, símbolo da infância: Peter Pan.

A história mostra que Peter Pan teria decidido ficar no mundo real de Wendy, teria envelhecido, teria se casado com a filha de Wendy e teria tido dois filhos, Jack e Maggie. Por isto, a história traz um personagem peculiar — agora um idoso com *aparente falta de juízo*: Tootles (Arthur Malet). Na verdade, cena após cena, o espectador descobre que ele era um dos meninos perdidos da *Terra do Nunca* que teria decido estar com Peter e que, durante todo o filme, incansavelmente, procura suas bolinhas de gude, teoricamente perdidas, mas os outros personagens achavam que ele estava perdendo o juízo pela idade.

Tão impressionante quanto descobrir que o Peter Pan (Robin Williams) era o mesmo Peter Pan imaginado e descrito nas histórias de Barrie, que passa parte do filme a redescobrir esta criança dentro de si (esquecida pela rotina profissional e familiar), foi o fato de seu amigo Tootles finalmente encontrar as tais bolinhas de gude perdidas, que, simbolicamente, na visão da pesquisadora aqui presente, são as mesmas chaves de portas que dão acesso a um mundo natural, paisagístico e ajardinado, que evoca a criança dentro do adulto e protege as crianças quando crianças, neste estado especial de plena atividade criativa, imaginativa, fantasiosa, sensorial, motora, promovendo laços de amizade e ensinamentos significativos advindos desta simbiose em especial.

Seriam esses filmes ressonâncias metafóricas e poéticas de Rousseau sobre jardins, ilhas encantadas? Ou com Ribon, com seus jardins, onde o ser humano se ocupa ou se dedica às suas próprias produções, realizando o mito da ilha encantada? Que poderia inspirar a criação de ilhas como no caso (e em inúmeros casos, como no

Pequeno Príncipe, com seu planeta, inclusive; e em Alice no País das Maravilhas, com o jardim onde, sem querer, cai num sono profundo até chegar ao jardim de um de seus sonhos...) da Terra do Nunca?

Ao analisar os livros citados e filmes que falam de Peter Pan, pareceu pertinente à seguinte conclusão (específica do olhar da pesquisadora): *Peter* representaria todas as crianças; e a *Terra do Nunca*, toda a cultura infantil, toda a produção infantil desenvolvida em singulares ambientes naturais — selvagens como na *Terra do Nunca* e paisagísticos como na própria paisagem vista da janela e, na essência, o próprio *Kensington Gardens*.

Que professora de Educação Infantil não gostaria de poder se sentar à mesa dos meninos perdidos num jantar onde só a força e a imersão total da imaginação poderiam concretizar comidinhas mágicas, com cores vivas e até aromas e sabores como em uma das cenas preciosas de *Hook – A Volta do Capitão Gancho*? Nesta cena em especial, meninos perdidos tentam, incansavelmente, fazer Peter Pan voltar a ser aquele legítimo Peter, capaz de voar. Porque, até o seu despertar nesse famoso jantar imaginário, Peter (vivido por Robin Williams) nem sequer consegue mais brincar de faz-de-conta. Docentes da Educação Infantil com certeza se deleitarão com esta passagem, pois é evidente o momento da reconexão entre crianças, brincadeiras (criatividade, fantasia, atividades lúdicas) e natureza, esta última sob a forma de uma árvore-morada. E a finalização da cena com a transformação da *comida imaginada e experimentada* numa verdadeira guerra de tinta colorida! E Peter, inesperadamente, relembra-se de seu passado, de suas aventuras, de jogos que só ele poderia ter imaginado; e, assim, como se materializasse esta criança singular, ele volta a voar!

Que profissionais como estes não deixaram de realizar projetos diferenciados e inovadores pela limitação espacial imposta ou por pré-conceitos generalizados? Não seria Peter, também, numa segunda análise, o próprio espírito da escola para crianças pequenas que, por *n* motivos (burocráticos, diplomáticos, acadêmicos etc.), se esquecera de si mesma, *consumida, dia a dia, hora a hora, segundo por segundo,* também pela rotina profissional (escolar) e, em paralelo, pela rotina individual doméstica dos funcionários?

Podemos aprender muito não só com teorias, mas a Literatura, as Artes Dramáticas, o Cinema também podem e desejam contribuir para o esboço de novos horizontes, novos olhares interdisciplinares e transdisciplinares que podem, sim, ser bem-vindos na área da Educação. Como o caso do Paisagismo, em questão, primeiramente.

Mayumi, arquiteta e docente que teve contato com a rotina de inúmeras escolas na cidade de São Paulo nas décadas de 70 e 80, alerta-nos em seus livros sobre Educação e Arquitetura, como o *A cidade e a criança*[86], *referência bibliográfica rara* já naquela época, sobre qualidades que esse espaço escolar para crianças deveria oferecer e que aqui aproximaremos com a cena do jantar sem comida de verdade promovida pelos meninos perdidos com o Peter que ainda não voa, na verdade:

> *É preciso, pois, deixar o espaço suficientemente pensado para estimular a curiosidade e a imaginação da criança, mas incompleto o bastante para que ela se aproprie e transforme esse espaço através de sua própria ação.*
>
> *No quadro dessas preocupações, isto é, do espaço adequado para o desenvolvimento das crianças e os limites que os projetos podem alcançar, a construção da criança, isto é, os espaços organizados e realizados pelas próprias crianças podem indicar algumas trilhas para o trabalho dos adultos.*[87]

E ainda completa, com grande preocupação, a seguinte reflexão, baseada em sua experiência direta em escolas como arquiteta com olhar diferenciado dos colegas que ainda projetam tais edificações escolares em tais condições que limitariam uma gama enorme de possibilidades, como esta descrita anteriormente, e didaticamente ilustrada com a cena citada do filme.

---

[86] LIMA, M. S. **A cidade e a criança**. São Paulo: Nobel, 1989. (Coleção Cidade Alerta).
[87] *Ibidem*, p. 72-73.

> *Embora a psicologia comportamental venha desenvolvendo pesquisas com animais e criança pequenas com respeito à percepção de cores, luzes e espaço, pouco conhecimento temos tido em relação à construção de espaço pelas crianças.*[88]

E, causando surpresa para a pesquisadora, Mayumi descreve uma experiência de um projeto realizado na cidade do México — se ocultássemos esta informação, o leitor poderia achar que fazia parte de alguma página do livro de Barrie. Vejam a seguir a riqueza dos detalhes e da sintonia entre projeto paisagístico e construção do espaço pelas próprias crianças. Praticamente um *pedaço da Terra do Nunca*, mas acontecendo em plena década de 80:

> *As soluções mais criativas, porém, estão aí as pencas. Cordas, troncos, pneus velhos e cabos fazem a maravilha das crianças do Parque Chapultepec... Pontes suspensas, cabanas, passagens sobre a areia, tornam-se, pela natureza do projeto e do espaço dele decorrente, rios com jacarés, castelos com fossos, a morada do Tarzã, e tudo o mais que a imaginação infantil é capaz de criar.*[89]

Mayumi de Souza Lima informa que tais equipamentos, como chamamos em Arquitetura e em Paisagismo, tinham sido projetados por J. C. Napolitano; e os brinquedos, pela arquiteta Elvira Almeida, professora de Desenho Industrial da Faculdade de Arquitetura e Urbanismo da Universidade de São Paulo (FAUUSP) na época. Brinquedos muito personalizados, pois formam construídos com a participação das crianças, *para e com a criança*[90]. Concretizando um projeto, então, de natureza coletiva e participativa, exigindo das crianças *uma exploração sensorial livre e a cooperação entre elas*[91]. Como acreditamos ser o caso, numa comparação novamente metafórica, de todas as brincadeiras dos Meninos Perdidos no comando de Peter em inúmeros filmes, e especialmente ilustrado com a passagem a seguir, e das aventuras do Capitão Gancho, num segundo momento.

---

[88] *Ibidem*, p. 73.
[89] *Ibidem*, p. 72.
[90] *Ibidem*, p. 72.
[91] *Ibidem*, p. 72.

> *Naquela noite as principais forças da Terra do Nunca se achavam na seguinte situação: os Meninos Perdidos procuravam Peter; os piratas procuravam os Meninos Perdidos; os peles-vermelhas procuravam os piratas; e as feras procuravam os peles-vermelhas. Todos rodeavam a ilha, mas não se encontravam, porque se moviam na mesma velocidade.[92]*

Ou na seguinte brincadeira, agora com os tais *rios com jacarés*, já citados:

> *Começaram a dançar, mas não terminaram, pois um barulho os deixou paralisados...*
>
> *Tique-taque, tique-taque!*
>
> *...o capitão Gancho se pôs a tremer.*
>
> *- O crocodilo!*
>
> *...Tinha passado pelos índios, que agora estavam no rastro de outros piratas, e viera atrás do capitão.[93]*

Há probabilidade de estas aventuras de Peter Pan realmente espelharem as dos filhos de Sylvia no *Kensington Gardens*.

É na tentativa de se projetar com perfeição que nós arquitetos e paisagistas tendemos a prever o máximo do que poderia acontecer num espaço projetado.

Movimentos, luz, objetos, cores e formas. Tudo sob o domínio dos croquis à mão ou, hoje em dia, sob a tutela de programas de computação como o AutoCad.

É extremamente difícil registrar um espaço como o comentado por Mayumi... inacabado o suficiente para dar liberdade às crianças de criá-lo... Mas como poderemos projetar um espaço desta natureza, digo, infinita espacialmente, se a própria palavra *"projetar"* leva o arquiteto, ou mesmo o paisagista, a *prever, visualizar no futuro* o que acontecerá em tais espaços?

---

[92] BARRIE, 1999, p. 64.
[93] *Ibidem*, p. 75.

Assim, a priori, acreditamos nesta pesquisa que sua formação ampliada na área de Educação, Arte e História da Cultura, acrescida de experiências diretas como as vivenciadas por Mayumi de Souza Lima, complementariam significativamente e obrigatoriamente a formação do arquiteto, ainda enriquecida exponencialmente pelo contato direto com docentes e alunos — resultando em pesquisas pessoais e acadêmicas que farão reconstruir as diretrizes projetuais, originando espaços educativos versáteis tanto para as crianças quanto para os profissionais em suas práticas e propostas pedagógicas.

Assim poderemos, finalmente, ver com mais frequência, e numa variedade mais diversificada e complexa, experiências educativas coletivas em escolas de Educação Infantil, inicialmente, como que pudessem ter saído de livros e de filmes como os que mostram as aventuras de Peter Pan, de Alice no País das Maravilhas, do Pequeno Príncipe, por exemplo. Como no jardim secreto de Mary ou no jardim real londrino, com as crianças de Sylvia sob o olhar de Barrie.

Como diz veemente Mayumi, novamente citada pela sua inegável contribuição enquanto docente e arquiteta dedicada ao estudo e às melhorias dos espaços escolares:

> *Nesse mundo onde nada é escrito, onde as crianças não se vêem de corpo inteiro, onde as relações são pessoais e as experiências exclusivamente concretas, a escola exige e trabalha justamente o contrário.*
>
> *Nada no espaço escolar ajuda a passagem desse mundo para outro, onde se exige conhecimento abstrato, onde as inferências são sempre desconhecidas da experiência de vida das crianças...*
>
> *Aulas de geografia e de história falam de outros lugares e outros povos... A escola pede a essa criança só o eu é externo ao seu universo... sem lhe oferecer condições para a transposição de um mundo para o outro.*
>
> *É nesse aspecto que o espaço construído pode ser um excelente material pedagógico auxiliar.*

> [...]
>
> *A escola é o único espaço que as cidades paulistas oferecem universalmente como possibilidade de reconquista de espaços... que as crianças e jovens perderam na cidade capitalista e industrial.*[94]

Mayumi, após contextualizar a problemática ambiental onde as escolas que visitou e que reformulou sempre com a participação ativa das crianças, anuncia visionariamente (mesmo não sendo paisagista e ainda com conclusões já descritas entre 1970 e 1980), concomitantemente, com as posturas desta pesquisa que:

> *- A reconquista requer o rompimento da escola/prisão/fortaleza e sua transformação na escola/praça/parque, onde os fechamentos serão limitados aos níveis e ambientes que, pelos seus equipamentos, instalações ou materiais, deveriam ser preservados ou defendidos contra assaltos.*
>
> *- O espaço da escola é um material pedagógico e lúdico riquíssimo para a população, professores e crianças que será por eles transformado intencionalmente.*
>
> *Essa transformação não é só uma questão de projeto arquitetural, limitada à ação do arquiteto, mas é, sobretudo, a transformação do modo de pensar o espaço/serviço educativo como local da propriedade coletiva, pública e, por isso, de sua apropriação dinâmica...*
>
> *[...] os adultos que projetam para crianças têm de perceber o difícil limite que separa a produção das condições espaciais que permite à criança criar e construir seus projetos e o ato inconsciente do adulto que quer se colocar no lugar das crianças, projetando a priori suas fantasias e sonhos.*
>
> *[...] Por que não atender o interesse das crianças?*[95]

---

[94] LIMA, 1989, p. 101.
[95] *Ibidem*, p. 102.

Esta pergunta ainda ressoa tanto em meio acadêmico quanto na Arquitetura. Por que, ainda em 2023, percebemos que as paredes ainda são muito valorizadas em detrimento dos espaços abertos e verdes na Educação de crianças na primeira infância? Pelo menos desconheço a presença de paisagistas que se dedicam ao que chamo de Paisagismo Educacional, pois mesmo neste não se pode encontrar especializações ou titulações. E, mesmo quando arquitetos se dedicam exclusivamente a projetar escolas, o famoso projeto-padrão (aquele que poderia ser executado em qualquer lugar, desligado do contexto social, urbano e ecológico onde será construído) perdura por atender a padrões de ventilação, insolação e metragens *humanas* de ocupação (não confundam com espaços e medidas humanizadas) a serem aprovadas pelas Prefeituras e outros órgãos. Claro que em suas dimensões mínimas exigidas e economicamente interessantes a administradores de recursos que viabilizam a construção de escolas em várias cidades.

Uma evolução neste aspecto já vem, pelo menos no papel, acontecendo ao se analisarem os chamados *Parâmetros básicos de infra-estrutura para instituições de educação infantil: Encarte 1*[96], infelizmente elaborado anos depois da morte de Mayumi (1934-1994), só no ano de 2006. Mas acreditamos que esta arquiteta pôde ser a inspiração e/ou a influência para a elaboração de tal documento, pelos seus mais de 30 anos dedicados às melhorias na rede escolar paulistana. E que ela o apreciaria, se fosse ainda viva.

Para o leitor que não é da área de Arquitetura ou Paisagismo, considerando a problemática *supra*, destacaremos trechos desse documento norteador de projetos escolares que defendem o desapego ao projeto-padrão por declarar a necessidade de se conjugar projeto e contexto local (humano, cultural, ecológico e físico) como ideal para concepção de escolas mais adaptadas — quanto a conforto ambiental e disponibilidade de materiais locais — para a sua construção, primeiramente. Que traz já como epígrafe a seguinte mensagem:

---

[96] BRASIL. Ministério da Educação. Secretaria de Educação Básica. **Parâmetros básico de infra-estrutura para instituições de educação infantil**: Encarte 1. Brasília: MEC/SEB, 2006.

> *O espaço físico não apenas contribui para a realização da educação, mas é em si uma forma silenciosa de educar. Como afirma Antônio Viñao Frago, referindo-se ao espaço escolar, este não é apenas um "cenário" onde se desenvolve a educação, mas sim "uma forma silenciosa de ensino" (Frago, 1995, p. 69)[97].*

Na "Introdução", o referido documento coloca-se a favor das ideias expostas anteriormente, isto é: propõe metodologias participativas que incluam os anseios e necessidades dos usuários, a proposta pedagógica desejada e, precioso para esta pesquisa, a intenção declarada de se garantir que o projeto interaja também com o meio ambiente local. Simultaneamente, como já anunciava Mayumi em 1989 em seu livro *A cidade e a criança*, há pouco citado; demandando, para isto, uma equipe interdisciplinar, professores, arquitetos, engenheiros, profissionais da Educação e da Saúde, administradores, comunidade local, a fim de incorporar valores culturais, saberes a serem compartilhados.

E a criança participativa que Mayumi defendia? Nesta passagem veremos que, pelo menos conceitualmente e já como referência nacional, esses *Parâmetros* finalmente — e felizmente — incluem a criança no processo. Mas ainda ela não participante da tal equipe interdisciplinar. Ao mesmo tempo que — agora, infelizmente — é capaz de modificar o projeto só pós-execução:

> *A criança pode e deve propor, recriar e explorar o ambiente, modificando o que foi planejado.*
>
> *Acredita-se que ambientes variados podem favorecer diferentes tipos de interações e que o professor tem papel importante como organizador dos espaços onde ocorre o processo educacional. Tal trabalho baseia-se na escuta, diálogo e observação das necessidades e interesses expressos pelas crianças.*
>
> *[...]*
>
> *Este trabalho, portanto, busca ampliar os diferentes olhares sobre o espaço, visando construir o ambiente físico*

---

[97] *Ibidem*, p. 7.

> *destinado à Educação Infantil, promotor de aventuras, descobertas, criatividade desafios, aprendizagens, e que facilite a integração criança-criança, criança- adulto e deles com o meio ambiente.*[98]

Um grande passo — qualitativo — foi dado com abrangência nacional. Mas a prática mantém-se conservadora por estar enraizada em padrões de execução antigos, e materiais locais por vezes ainda não estão disponíveis em grandes quantidades para uma entrega imediata ou não têm ainda uma logística planejada para grandes obras de curta duração, fazendo os fornecedores serem sempre os mesmos, com os mesmos materiais em cidades distantes umas das outras.

Ainda, podemos nos perguntar: Quantas escolas vocês ouviram falar que registraram o que seus alunos e ex-alunos solicitavam ou criticavam acerca do espaço escolar vivenciado? E quantas têm salas de aula ou espaços alternativos — abertos ou não — produto das próprias mãos e respectivas mentes de seus alunos?

A primeira coisa que poderíamos fazer, enquanto arquitetos, caso tivéssemos a oportunidade de projetar ampliações, reformas ou até mesmo escolas a serem construídas, seria fazer um detalhado levantamento das qualidades e dos problemas que esses usuários já identificaram por anos e anos estudando na referida escola ou em anteriores, na tentativa de, na sequência, mapearem-se pontos espaciais problemáticos e limitadores de práticas educativas e das próprias intervenções e construções do alunato, mesmo que no caso de pequenas crianças, mas que já verbalizam seus anseios, gostos e desgostos, predileções a certos ambientes e repulsa por outros.

Como sempre, voltaremos a insistir: Por que não?

Muitas vezes, profissionalmente, é mais difícil ocorrer o bom entendimento entre os adultos envolvidos na obra arquitetônica do que ouvir e registrar o que os seus aluninhos — crianças de 0 a 5 anos, hoje — têm a dizer sobre o projeto.

Continuando com certos pontos dos *Parâmetros*, pertinentes a este estudo, podemos destacar a única (infelizmente, também) passagem em que se referem à chamada Área Externa:

---

[98] *Ibidem*, p. 9-10.

> *Deve corresponder a, no mínimo, 20% do total da área construída e ser adequada para atividades de lazer, atividades físicas, eventos e festas da escola e da comunidade. Contemplar, sempre que possível, duchas com torneiras acessíveis às crianças, quadros azulejados para atividades com tinta lavável, brinquedos de parque, pisos variados, como, por exemplo, grama, terra e cimento. Havendo possibilidade, deve contemplar anfiteatro, casa em miniatura, bancos, brinquedos como escorregador, trepa- trepa, balanços, túneis, etc. deve ser ensolarada e sombreada, prevendo a implantação de área verde, que pode contar com local para pomar, horta e jardim.*[99]

Consideramos estes parâmetros essenciais, com certeza, para a salubridade e garantia de mínimas condições para o brincar e o estar ao ar livre, com insolação necessária e fundamental, assim como o sombreamento. Mas o pátio escolar nesse formato não tenderia a ser pensado como algo muito próximo aos pátios de edifícios residenciais?

Não encontramos nesse documento nenhuma linha que pudesse contribuir para a concepção desse espaço — escolar — com parâmetros que reconhecessem este como ambiente de aprendizagens, tal como se aceita para outros ambientes chamados: salas de atividades, sala multiuso etc.

O próprio refeitório poderia também ser uma verdadeira sala de experimentações, com aulas de culinária e observações e experiências com fins educativos. Não é?

O chamado *pátio coberto* foi previsto para múltiplos usos, como reuniões de pais e festas. Acreditamos nesta pesquisa que, deste ponto de vista, já é certa a sua subutilização, pois, tanto cobertos como descobertos, espaços educam em silêncio (como diz a epígrafe do referido documento). Se assim o são, por que não explicitar seus potenciais enquanto recurso pedagógico otimizador e viabilizador de aprendizagens de crianças pequenas?

O pátio escolar também educa. A nossa pesquisa afirma. Muitas pessoas que entrevistamos se lembram mais do que aconteceu nele do que o que aconteceu em salas de quatro paredes. Fazendo referência a assuntos como: socialização, interações entre idades diferentes,

---
[99] *Ibidem*, p. 26.

como espaço livre de obstáculos que permite ser explorado do jeito da criança.

Demoramos em encontrar/localizar escolas que reconhecem com profundidade seu potencial pedagógico. E que, no próximo capítulo, serão reconhecidas, por seu papel pioneiro (qualitativamente, já que as encontramos em poucos países, mas de singular especificidade cultural, ambiental e social), onde a escola nasce de iniciativas dos próprios pais e comunidade, produtos da cultura local. E não de modelos predeterminados ou copiados. Já adiantando, disponibilizando ambientes naturais com desafios de aprendizagem que até superam os resultados de muitos países que mantêm as aulas confinadas *dentro do barco do Capitão Gancho* (fazendo uma licença poética com humor).

A pesquisadora-autora deste estudo também implementou esta pesquisa com seu repertório profissional como educadora de Artes e arquiteta-paisagista, sonhando com a possibilidade de projetar essas ilhas criativas, que proporcionariam como meta principal a realização de teorias e práticas pedagógicas das mais diversas. Sendo assim, necessariamente parte do espaço físico escolar, e não mais de um item opcional ou de embelezamento desinteressado.

Imaginação, produções, jardim. São palavras que destacaremos, pois encaixam-se perfeitamente no contexto escolar das crianças da Educação Infantil, como se pode comprovar com passagens da própria fonte *Diretrizes curriculares nacionais para a educação infantil*[100], já na versão de 2010:

> *2.2 Criança:*
>
> *Sujeito histórico e de direitos que, nas interações, relações e práticas cotidianas que vivencia, constrói sua identidade pessoal e coletiva, brinca, **imagina**, **fantasia**, deseja, aprende, observa, experimenta, narra, questiona e constrói sentidos sobre a **natureza** e a sociedade, **produzindo cultura**.*[101]

---

[100] Idem. **Diretrizes curriculares nacionais para a educação infantil**. Brasília: MEC/SEB, 2010.
[101] Ibidem, p. 12, grifo nosso. Palavras em negrito assim colocadas pela pesquisadora. Não faz parte do original.

Destacamos, agora, as crianças, pois este estudo só tem sentido se feito para elas! Logo, merecem uma definição mais holística e poética, pois são as crianças que farão dos pátios escolares um *cantinho do paraíso perdido*, caso lhes permitam participar dessa renovação por sua simbiose, sua harmonia, seu equilíbrio com o meio natural. Meio esse capaz de ensinar, como veremos. Tal qual um querido professor.

Deixemos a docente de Artes e amiga da pesquisadora de longa jornada Ariane Hecht[102] defini-las em toda sua riqueza e seus desdobramentos, por dedicar cada dia de sua vida para elas, estando sempre com elas:

> *Ser criança é habitar no país da fantasia, viver rodeado de personagens imaginários, gostar de quem olha no olho e fala baixo. É ter sorriso sincero esparramado pelo rosto, mesmo em* **dia de chuva**. *É adorar ver* **figuras nas nuvens**, *criar histórias e* **deitar na grama**. *Ser criança é colar o nariz na vidraça, e espiar lá fora. É ter coragem de não ter medo, mesmo morrendo de medo. Ser criança é ter sempre uma pergunta na ponta da língua. É misturar lágrimas com sorrisos, sorrir apesar de tudo, é detestar a hora de ir para a cama.*
>
> *Ser criança é passar o dedo em cima do bolo, é comer brigadeiro escondido, é* **andar confiante por caminhos desconhecidos** *na ânsia de desvendar grandes mistérios. Ser criança é gostar de brincadeira, do sonho, do impossível. É ter pouca paciência e muita pressa. Ser criança... Bem... É poder ser criança!*[103]

---

[102] Arte-educadora e ceramista. Magistério com especialização em Pré-Escola. Graduação em Educação Artística com especialização em Desenho e Artes Plásticas [Faculdades Integradas Teresa d'Avila. (FATEA)]. Pós-graduação em História da Arte [Fundação Armando Alvares Penteado (FAAP)]. Palestrante do Sindicato dos Estabelecimentos de Ensino no Estado de São Paulo (SIEEESP), capacita professores e realiza consultorias pedagógicas em escolas particulares e da rede pública. É amiga de longa data da pesquisadora deste livro, desde nosso encontro inicial na pós-graduação em História da Arte (FAAP).

[103] HECHT, A. O sabor do saber e o sabor do aprender. *In*: TIERNO, G. (org.). **A criança de 6 anos**. São Paulo: Meca; SIEEESP, 2008. p. 75. Negrito da pesquisadora. Livro recebido como presente da Ariane Hecht à pesquisadora, em 2008. Sugerimos consultar também: HECHT, A. **De que forma a arte pode contribuir no processo de desenvolvimento na educação infantil**. 2006. Trabalho de conclusão de curso (Pós-Graduação em História da Arte) – FAAP, São Paulo, 2006. p. 67-75.

Quem conhece seu trabalho, vê que Ariane o faz pensando nelas, com base nelas, com elas... muitas vezes até mesmo se confunde com elas, como se fosse *Rapunzel* (metaforicamente), na sua nova versão — *Enrolados*[104] — da Disney, pendurada para pintar uma parede ou toda lambuzada tentando pintar um mosaico colorido pelo chão. Sem ficar quieta um só instante, como suas crianças a sua volta.

Infelizmente, o projeto arquitetônico e o raro projeto paisagístico não as ouvem. Adultos definem este espaço que é da criança. E os *pátios ecoeducativos* que estamos propondo só poderão surgir se ouvirmos essas crianças que usufruirão dele e se conversarmos e desenvolvermos o projeto desses pátios ainda *invisí*veis com docentes tão apaixonados por elas como Hecht ainda é.

Como Ribon destaca, o jardim é o local do ser humano — por meio da imaginação — de se encantar com suas próprias produções. Assim como na definição *supra* sobre as crianças que, ao interagir com a natureza, no caso, desenvolvem a imaginação, fantasias no ato do brincar. E, assim, produzem cultura. Tanto nas afirmações de Ribon citadas anteriormente quanto nesta definição extraída das *Diretrizes de 2010*, aqui em análise.

Na questão educacional, com enfoque nas crianças de 0 a 5 anos em ambiente escolar, o jardim também poderia se tornar a tal *ilha encantada* que Michel Ribon cita, produto necessariamente criado com a cooperação entre pedagogos e arquitetos-paisagistas. Visão essa já se vinculando com o ponto de vista presente nesta pesquisa.

Agora apreciando diretamente o livro de Ribon *A arte e a natureza* (já citado), podemos encontrar outros pontos que convergem com o que é proposto para a Educação Infantil pelo Ministério da Educação/Secretaria de Educação Básica (MEC/SEB).

Ribon ensina-nos que o jardim é um *Paraíso das sensações*[105] e, sendo assim, a criança pode construir *sentidos sobre a natureza*, como o MEC define *supra*.

---

[104] ENROLADOS. Direção: Byron Howard e Nathan Greno. Estados Unidos: Walt Disney Animation Studios, 2010. 1 *Blue-ray* (100 min), color. Adquirido pela pesquisadora em agosto de 2012.
[105] RIBON, 1991, p. 108.

Ainda, tentando uma aproximação entre Paisagismo e Educação, destaco o seguinte comentário de Michel Ribon:

> [...] em volta de uma de suas vilas, Cícero fez construir dois ginásios, que denominou Academia e Liceu: locais de encontros de estudo e de diálogos sábios ou conversas, é lá que, na moldura luminosa de uma natureza humanizada, cultivam-se os prazeres da retórica e da amizade.[106]

Outros potenciais do jardim, aqui entendido como "pátio ecoeducativo", são elevados neste trecho do filósofo citado pela professora Maria Elena. Além da beleza contemplativa, além do despertar dos sentidos, além de ser produto cultural do ser humano (em qualquer idade, aliás), o jardim que visualizo para a Educação já fora experimentado, vivenciado em tempos remotos, no próprio momento da criação da Academia, como um lugar aberto, fluído para troca de conhecimentos e aulas ao ar livre; resgatando as de Platão, por exemplo. E ideias surgidas nesse ambiente natural e paisagístico tão intenso ainda determinam todo o pensamento ocidental, implícito nas linhas da Pedagogia. Em especial, também na da Educação Infantil.

Ora, com esta passagem destacada anteriormente, do livro de Michel Ribon, relembramos que a natureza hoje não deve ser incluída nas escolas, mas sim foi historicamente excluída. Aulas ao ar livre nasceram com a escola, e por que não resgatarmos esse tão frutífero e saudável ambiente educativo nos dias de hoje?

A própria palavra *"academia"*, escrita no trecho *supra*, vem do grego (Αχαδήμεια, *Akadimeia*), que, desde a Grécia antiga, se configurou na forma de um bosque sagrado localizado na periferia de Atenas. Ainda hoje pode ser apreciado na sua forma atual de ruína, no chamado jardim de Akademos.

Podemos saber mais sobre este local e sobre a própria Academia de Platão enfocando o aspecto — necessariamente — natural deste ambiente de aprendizagem que se tornou referência para o nascimento

---

[106] *Ibidem*, p. 108.

das Universidades, por exemplo, com a Prof.ª Dr.ª Maria Luísa Malato, em seu artigo *A academia de Platão e a matriz das academias modernas*[107].

> *O jardim de Akademos é o protótipo mítico dos paraísos terrenos: um mundo vegetal que se auto-regenera, por oposição à pedra da cidade e às suas ruínas.*
>
> *[...]*
>
> *O jardim de Akademos não é a cidade, não é o bosque, esta entre a arte e a natureza bruta na medida em que a arte pode respeitar a natureza ao mesmo tem porque se afasta da artificialidade e da bestialidade, por vezes as duas (como tinha descoberto Sócrates) tão próximas. O jardim é a domesticação de ambas (CHEVALIER, 1994:382)*
>
> *Mas não é só esta a sua valência. O jardim de Akademos está, não na proximidade da Ágora, mas nos arredores da Pólis. Algumas descrições dizem-no muralhado, embora sem indicação de data. Este jardim exige de quem o frequenta o esforço, o de se deslocar até lá...*
>
> *Nos sonhos em que aparece o jardim, "um muro mantém as forças internas que florescem... Penetra-se no jardim por uma porta estreita.*
>
> *O sonhador é obrigado muitas vezes a procurar primeiro esta porta dando a volta" (CHEVALIER, 1994:382).*[108]

Assim, a Prof.ª Maria Luísa enfatiza a especificidade da escolha do terreno para a criação e o funcionamento da Academia ao se afirmar o aspecto simbólico que a própria implantação e forma do jardim transmite. Intenções filosóficas, políticas, pedagógicas, inclusive. O jardim de Akademos funde-se na essência da própria Academia. Um em simbiose com o outro, obrigatoriamente. Por isso tão marcante na cultura ocidental?

---

[107] MALATO, M. L. A academia de Platão e a matriz das academias modernas. **Notandum**, Porto, n. 19, p. 5-16, jan./abr. 2009. CEMORrOC-FEUSP; Universidade do Porto. Disponível em: http://www.hottopos.com/notand19/malato.pdf. Acesso em: 15 ago. 2012.

[108] *Ibidem*, p. 3.

Seria uma simbiose como essa que contribuiria para as ideias defendidas neste capítulo? Sim, crianças-alunas em espaços educacionais plenos de natureza otimizariam e viabilizariam inúmeras propostas educativas, com suas práticas e teorias fundamentadas neste excepcional espaço nascido da arte e da natureza. Aqui entendido como Projeto Paisagístico.

Para o pedagogo, o docente e os profissionais da área de Educação, pode parecer estranho iniciarmos um estudo sobre Educação Infantil com os dizeres de uma arquiteta-paisagista como a Prof.ª Maria Elena. Mas essa novidade se dá na intenção declarada deste estudo de também de conectar duas áreas distantes: a Pedagogia com o Paisagismo (dependendo da escala do projeto escolar, com o Desenho Ambiental, pensado também com o arquiteto-paisagista, no caso).

Para fins de apresentação da profissão que carrego na minha formação (pois sou professora de Artes e arquiteta-paisagista), resgato as precisas e poéticas palavras de Raul Cânovas[109], paisagista muito conhecido e respeitado há décadas no atual mercado da área (conheci-o pessoalmente em oportunidades profissionais), também conselheiro da Associação Nacional de Paisagismo (ANP), para definir de modo didático a profissão de paisagista, sem aquela definição estereotipada já excessivamente encontrada em dicionários ou revistas mensais, por exemplo, como a de quem "só faz jardins":

> *[...] os profissionais que projetam e/ou implantam áreas verdes sempre precisaram dominar diferentes técnicas ou ciências como: biologia, botânica, silvicultura, agronomia, fitogeografia e topografia.*
>
> *Esses conhecimentos mencionados eram suficientes até o início do século XX, quando a população mundial era de 1.650 milhões de habitantes. Hoje somos sete bilhões de seres humanos, dos quais 83,3% da população brasileira, habitando centros urbanos. Por esse motivo é necessário*

---

[109] Estes dizeres a pesquisadora recebeu no seu e-mail pessoal no dia 31 de janeiro de 2012, mas fazem parte de uma "Carta Aberta" que foi divulgada em sites da área de Paisagismo, como: www.anponline.com.br ou www.paisagismobrasil.com.br, sob o título "Regulamentação da profissão de paisagista: carta aberta". Acesso em: 31 jan. 2012.

> igualmente, possuir conceitos e teorias que organizem os espaços de forma a adequar o paisagismo a realidade urbanística, assim como também, as tendências sociológicas de cada metrópole. O conhecimento intelectual da arquitetura, do urbanismo e da história é fundamental, como são essenciais a sociologia, a psicologia, o folclore e por que não, as crenças religiosas de cada região onde a área verde será inserida.
>
> [...] em um futuro próximo [...] o arquiteto paisagista deverá ter conhecimentos de: morfologia vegetal, dendrologia, geobotânica, ecologia, climatologia, edafologia, fitopatologia, além das práticas necessárias que o habilitem a entender uma paisagem urbana cada vez mais carente de vegetação e saturada de uma arquitetura impiedosa, que condena homens e mulheres a uma existência terrivelmente artificial e desumana.
>
> [...] o paisagista trabalha com a grandiosidade do horizonte, sem balizar seu olhar com restrições ou demarcações confinantes. Seu pé direito é o céu, o final do terreno, o espaço prorrogado e a luz, um sol generoso que ilumina com nuances diferentes a cada dia.

Considerem o que o meio natural ou paisagístico nos oferece: sol, vento, grama, pedrisco, árvores, pedras, flores, pássaros, animais, sons, perfumes, sombra, água, folhas, gravetos, areia, peixes, arrepio, deleite, dimensão, liberdade, nuvens e, por que não, chuva, neblina e eclipses solares!

Sensações muito valorizadas na música, por exemplo. Ou estudadas com profundidade pela Biologia. Mas que não são profundamente participantes da concepção do espaço escolar (considerando "o dentro" e o "fora"; ou seja, Arquitetura e Paisagismo, mesmo que o último também possa ser proposto no interior das construções escolares). Afinal, sempre é melhor começar pelo começo quando se pretender repensar algo ou ressignificar espaços, atitudes, práticas, ou quaisquer ações que reconstruam o tripé: natureza/criança/escola.

A postura da pesquisa, a de que, sem o "pátio escolar ecoeducativo" (se ameaçado de não ser entendido como ambiente de aprendizagem e, simultaneamente, sem a presença do "verde" intensamente), perdemos a oportunidade de nossas crianças da Educação Infantil se inserirem, ou melhor, se sentirem parte da Natureza, base essencial que propicia a vida de todas as espécies que habitam nosso planeta; é validada a postura da pesquisa por estes conceitos e na observação, até mesmo, do que aconteceu quando em contato da natureza no cerne dos trabalhos, estudos e manifestações de inúmeras áreas, como na música, inicialmente.

A Prof.ª Maria Elena vai, então, mais além e mais a fundo na essência de nossa reflexão. Sela com leveza, arte e até poesia essa ideia da necessária reconexão do ser humano com a natureza, mesmo que domesticada pelo homem, ao afirmar que: *"o jardim, ao ser organizado pelo homem, realiza a reconciliação da natureza e da cultura, utilizando os conhecimentos conquistados pela razão"*[110].

Analisando parte por parte de seu pensamento, destacamos pelos menos três palavras veementemente pertinentes ao ensino escolar, em especial, de crianças pequenas:

> NATUREZA (RECONCILIAÇÃO = EDUCAÇÃO AMBIENTAL)
>
> CULTURA (IDENTIDADE DE UM POVO = HISTÓRIA / VALORES / CRENÇAS)
>
> RAZÃO (CONHECIMENTOS = ESCOLA)

Algumas palavras-chave foram lançadas pela pesquisadora na tentativa de elucidar esses conceitos fundamentais para a compreensão da afirmação da Prof.ª Maria Elena em paralelo com a necessária inclusão dos *pátios escolares ecoeducativos* (como os chamo) no cerne das propostas pedagógicas desta fase do aprendizado formal.

Na "Apresentação" desta mesma bibliografia, a Dr.ª Regina Buongermino Pereira, também professora da UPM (há mais de 30 anos), contribui com pensamentos defendidos pela Prof.ª Maria Helena, fazendo-nos refletir sobre outros aspectos interdisciplinares dessa relação entre pessoas e ambientes plenos de natureza:

---

[110] VIEIRA, 2007, s/p, orelha da capa.

> *Em sua trajetória, o homem sempre manteve estreita relação com os elementos naturais, frente aos quais as primeiras inquietações de sua inteligência levaram a observações e especulações que deram origem a múltiplos estudos científicos, responsáveis, em última análise, pelo altíssimo desenvolvimento tecnológico de que uma parcela da sociedade humana desfruta hoje.*

A Prof.ª Regina acaba explicitando ao leitor uma gama de constatações dos impactos que essa relação natureza-homem produziu na história da Humanidade em poucas palavras, mas sem omitir a relevância do meio natural para o desenvolvimento intelectual, social, econômico e científico.

Complementando esta constatação, a Prof.ª Maria Elena ensina-nos que o jardim é um *locus*[111] da sociabilidade[112], pois é um espaço que reflete os aspectos humanos (sociais), climáticos e da paisagem natural onde está inserido, esboçando um cenário singular e evidenciando suas conexões com a Arquitetura e a Natureza específica do local onde foi concebido.

A escola também é, por sua natureza coletiva, também é um espaço que busca desenvolver a observação, estudos científicos, para ser usufruído pela sociedade. Em especial, pelos alunos, socialmente. E, em particular, a crianças/aluninhos da Educação Infantil. E também inserida num contexto ambiental singular (ecossistema local) acrescida dos aspectos climáticos da região.

Vieira amplia a conexão homem-natureza afirmando que, além destas condições locais e ambientais nas quais o jardim será executado e usufruído, a própria estruturação desse espaço nos traz também informações sobre identidade e organização do ambiente que refletem a especificidade das ideias e teorias que *alimentaram*

---

[111] A palavra *"locus"* significa *lugar* em latim. Hoje considerado uma língua morta, mas muitas palavras ou expressões dessa língua são comumente usadas nos dias de hoje por engenheiros, arquitetos, paisagistas e biólogos, por exemplo. O nome científico de todas as plantas escolhidas para um projeto paisagístico está em latim, como o da Pitanga (*Eugenia uniflora*). No caso das outras profissões da área da construção, usam-se expressões como "fui *in loco*" para enfatizar que a visita/vistoria/acompanhamento foi no próprio local.

[112] VIEIRA, 2007, p. 57.

o processo de concepção projectual do jardim — onde podemos identificar espaços privados e/ou coletivos elaborados para serem vivenciados de modo diferente pelos indivíduos, individualmente ou coletivamente.

Tanto jardim (relembro: considerado nesta pesquisa no formato de pátio ecoeducativo) quanto escola são lugares que devem ter como meta o *pas de deux*[113] homem-natureza. Ou, como mais tecnicamente é explicado por Maria Elena (definição citada apenas para o jardim, "emprestada" para se fazer um paralelo de semelhanças entre jardim e escola), *uma relação perfeita entre o homem e a natureza, entre o microcosmo ontológico e o macrocosmo cosmológico... um exercício que se reveste do conhecimento da diversidade de culturas e civilizações*[114].

Finalizando o pensamento de Vieira, pensando-se em jardim como um espaço com qualidades sociais, estéticas, educativas para projetos escolares da Educação Infantil, podemos visualizar características que se convergem com as do espaço escolar a ser criado na forma de *pátio ecoeducativo* proposto pela pesquisadora:

> *Quando nos referimos ao jardim, imediatamente nos apossamos da idéia de um espaço com funções específicas que constitui um protótipo arquitetônico e caracteriza um espaço criado num determinado tempo, por uma sociedade e segundo certos princípios.*
>
> *[...]*
>
> *A criação de um Jardim consiste numa arte específica e necessita, na medida do possível, de uma linguagem definida que sirva simultaneamente ao criador e ao usuário da obra.*
>
> *Criar um jardim é criar um lugar onde haja uma relação perfeita entre o homem e a natureza... Esta arte*

---

[113] Expressão adotada nesta pesquisa, advinda do vocabulário do estilo de Dança conhecido como Ballet (em francês). Segundo a bailarina-professora registrada pela Royal Academy of Dance de Londres Ana Maria Macedo, em seu site oficial www.anamariamacedo.com (Acesso em: 28 maio 2012), *"pas de deux"*, que significa "Dança a dois".

[114] VIEIRA, 2007, p. 60.

> *constitui um exercício que se reveste do conhecimento da diversidade de culturas e civilizações.*[115]

O pátio escolar aqui também é entendido como *um espaço com funções específicas que constitui um protótipo arquitetônico*. Um espaço criado num determinado tempo/espaço, produto de uma comunidade e seguindo — no caso em especial — princípios advindos de teorias e práticas educacionais, onde também possa se garantir o direito das crianças de estar em harmonia com a Natureza. Direito esse previsto na Constituição do Brasil (1988)[116], aliás, a ser destacada a seguir:

> Art. 225 - *Todos têm direito ao meio ambiente ecologicamente equilibrado, bem de uso comum do povo e essencial à sadia qualidade de vida, impondo-se ao Poder Público e à coletividade o dever de defendê-lo e preservá-lo para as presentes e futuras gerações.*[117]

A comunidade escolar não estaria implícita na citada *coletividade* para, no caso, se preservar o meio ambiente local onde se construiu o complexo escolar? O projeto paisagístico não poderia ser o suporte que promoveria esse meio ambiente ecologicamente equilibrado às inúmeras gerações, em particular, escolares? Em prol desse verdadeiro *pas de deux* entre profissionais como arquitetos-paisagistas & educadores e entre escola & crianças de terna idade? Visando se promover (talvez em conjunto com o Poder Público) inclusive em ambiente escolar (externo/ao ar livre) da Educação Infantil, como ainda cita o Art. 225: *"VI - promover a educação ambiental em todos os níveis de ensino e a conscientização pública para a preservação do meio ambiente"*[118].

A mais recente política da área educacional, a *Política Nacional de Educação Ambiental*, foi muito bem estudada e refletida na disciplina *Educação Ambiental*, com a professora Petra Sanches Sanches, durante o curso de mestrado que exigiu a dissertação que originou

---

[115] Ibidem, p. 60.
[116] MEDAUAR, O. (org.). **Coletânea de legislação ambiental, Constituição federal.** São Paulo: Revista dos Tribunais, 2012.
[117] Ibidem, p. 145.
[118] Ibidem, p. 146.

deste livro para sua conclusão, o que levou a pesquisadora a incluir alguns aspectos dessa política no corpo neste momento.

Essa política é clara e anuncia, ainda referente a direitos e deveres que podem contribuir para a reconexão ser humano/natureza, com recorte dado à Educação como promotora deste processo, assentando a necessidade do elo entre espaço escolar/processos de aprendizagem/meio ambiente, em prol da defesa desta pesquisa:

> Art. 2º *A educação ambiental é um componente essencial e permanente da educação nacional, devendo estar presente, de forma articulada, em todos os níveis e modalidades do processo educativo, em caráter formal e não-formal.*[119]
>
> II - às *instituições educativas, promover a educação ambiental de maneira integrada aos programas educacionais que desenvolvem [...].*[120]

Entendemos neste estudo que a educação ambiental pode ser contemplada, de modo articulado no processo educativo, no *pátio ecoeducativo* aqui concebido e proposto, pois é capaz de acolher inúmeras disciplinas e conteúdos previstos na Educação Infantil num único espaço dinâmico, fluido e — acima de tudo — natural, ampliando e aprofundando esta proposta de Educação Ambiental em um ambiente que leva a crianças o mais próximo possível da natureza, por meio do *projeto paisagístico-educativo*, como o batizamos durante a pesquisa, capaz de atender a cada item a seguir previsto, ainda no mesmo capítulo:

> VI - à *sociedade como um todo, manter atenção permanente à formação de valores, atitudes e habilidades que propiciem a atuação individual e coletiva voltada para*

---

[119] BRASIL. **Lei nº 9.795, de 27 de abril de 1999**. Dispõe sobre a educação ambiental, institui a Política Nacional de Educação Ambiental e dá outras providências. Brasília: Presidência da República, 1999. Capítulo I, Art. 2º, s/p. Disponível em: http://www.planalto.gov.br/ccivil_03/Leis/L9795.htm. Acesso em: set. 2011.

[120] *Ibidem*, Capítulo I, Art. 3º, s/p.

> *a prevenção, a identificação e a solução de problemas ambientais.*[121]
>
> *II - a concepção do meio ambiente em sua totalidade, considerando a interdependência entre o meio natural, o sócio-econômico e o cultural, sob o enfoque da sustentabilidade [...].*[122]
>
> *VII - a abordagem articulada das questões ambientais locais, regionais, nacionais e globais [...].*[123]
>
> *- o desenvolvimento de uma compreensão integrada do meio ambiente em suas múltiplas e complexas relações, envolvendo aspectos ecológicos, psicológicos, legais, políticos, sociais, econômicos, científicos, culturais e éticos;*
>
> *- a garantia de democratização das informações ambientais [...].*[124]

Em especial, gerando a preservação — literalmente —, no caso, em território escolar, com a participação dos pequenos alunos e de todo o corpo docente e diretivo. Entre outros aspectos, também o pátio ecoeducativo é capaz de se mostrar eficiente à Educação Ambiental em contexto educativo:

> *IV - o incentivo à participação individual e coletiva, permanente e responsável, na preservação do equilíbrio do meio ambiente, entendendo-se a defesa da qualidade ambiental como um valor inseparável do exercício da cidadania [...].*[125]

Aspectos envolvidos no Capítulo I do referido documento.

Quanto ao que é exigido no Capítulo II, o pátio educativo e verde também se apresenta ainda ativo na realização da referida Política Nacional. Vejamos, já que necessário à educação em âmbito

---

[121] *Ibidem*, Capítulo I, Art. 3º, s/p.
[122] *Ibidem*, Capítulo I, Art. 4º, s/p.
[123] *Ibidem*, Capítulo I, Art. 4º, s/p.
[124] *Ibidem*, Capítulo I, Art. 5º, s/p.
[125] *Ibidem*, Capítulo I, Art. 5º, s/p.

nacional. E, no caso da Educação Infantil, prevista no currículo nacional (segundo *Seção II: Da Educação Ambiental no Ensino Formal*):

> *Artigo 8º...*
>
> *II - desenvolvimento de estudos, pesquisas e experimentações; III - produção e divulgação de material educativo;*
>
> *[...]*
>
> § 2º
>
> *I - a incorporação da dimensão ambiental na formação, especialização e atualização dos educadores de todos os níveis e modalidades de ensino;*
>
> *II - a incorporação da dimensão ambiental na formação, especialização e atualização dos profissionais de todas as áreas [...].*

Pois, caso os pátios escolares não sejam reformulados para atender a essa Política e para gerar uma simbiose entre criança e natureza em prol de processos de aprendizagem aqui defendidos, continuaremos com disciplinas isoladas que trabalham o tema também de modo distante do contato com o meio natural e sem projetos em comum com outras disciplinas.

Deste jeito, de modo participativo, integrado e com contato direto com a dimensão ambiental, seremos capazes (arquitetos, paisagistas, docentes, profissionais que trabalham pela Educação Infantil) de atender ao Art. 10 dessa mesma Lei n. 9.795, entre outras alíneas necessárias: "§ 1º *A educação ambiental não deve ser implantada como disciplina específica no currículo de ensino*".

Nesta problemática, são pertinentes os comentários de Edimara Coelho de Lima[126], educadora de referência, para não ficarmos apenas nas leis em si mesmas.

---

[126] TIERNO, G. (org.). **A criança de 6 anos**. São Paulo: Meca; SIEEESP, 2008. Nesse livro, a docente Edimara Coelho fala em *O Ambiente Físico*, p. 21-23. Formação em Pedagogia (USP) e Psicopedagogia (Escuela de Psicopedagogía de Buenos Aires), com 34 anos de atuação na área. É diretora há 22 anos

No caso, ela destaca que o espaço escolar tem um padrão internacional de 3 m² por aluno na faixa de até 9 anos. Então, critica o porquê de o Brasil ter um documento da Secretaria da Saúde do Estado de São Paulo [Resolução SS 493, publicada no Diário Oficial do Estado (DOE) de 08/09/1994, Seção I], que sugere ordinário 1 m² por aluno, o *que é muito pouco*. Logo, se: *"Na Educação Infantil e séries iniciais do Fundamental as escolas privadas paulistas têm em média 25 alunos, portanto, vamos raciocinar em termos de 75 metros quadrados de espaço para uma classe ideal"*[127].

Se estamos oferecendo apenas um terço do espaço — destaco, interno — às nossas crianças, imaginem o que se passa nas dimensões e na qualidade dos espaços externos como o nosso objeto principal de estudo: os pátios escolares? Por vezes concretado 100% e apenas com espaço para a sala de aula dos professores de Educação física: as quadras — que, enfatizaremos, não são pátios, muito menos educativos, para a realização de propostas educativas.

E mais, quando a docente Edimara Coelho cita a Lei Federal n. 10.114, percebemos quanto esta pesquisa iniciada pela Educação Infantil se faz fundamental para todo um novo universo de mudanças qualitativas no espaço escolar, com reflexos nas séries seguintes, do Fundamental e do Ensino Médio.

Reflitamos sobre o papel da Educação Infantil, que parece estar implícito nesta lei, em nossa análise, por vezes desconsiderado e deslocado da educação obrigatória, com a passagem a seguir: *"A Lei Federal nº 10.114 estabelece que o primeiro ano do Ensino Fundamental deverá ter características semelhantes às dos últimos anos da Educação Infantil"*[128].

Acreditamos, lendo isto, que a Educação Infantil deveria ser obrigatória, visando a padrões mínimos de qualidade espacial das

---

do projeto pedagógico da Prima Escola (de Sistema Montessori) e também diretora do Departamento Científico da Org. Montessori do Brasil (OMB) de 1982 a 2002. Correspondente da: American Montessori Society (AMS) e da Internacional Reading Association (IRA). Conferencista nacional e internacional na área de Educação.

[127] *Ibidem*, p. 21.
[128] *Ibidem*, p. 21.

instituições escolares. E olha que nem começaram a falar direito sobre medidas de pátios escolares. Área verde mínima? Não encontramos praticamente nada.

Lima traça, assim, uma visão ampla sobre o espaço escolar dentro das amplitudes e das restrições em que tais leis são aplicadas à Educação Infantil, por exemplo. E afirma, como nós neste estudo, que o *espaço físico é um componente educativo precioso e não tem sido explorado em todas as suas possibilidades por nossas escolas*. Como veremos nos exemplos selecionados de escolas europeias que já o desvendaram, nos próximos capítulos exclusivos para tais. E conclui que:

> *O espaço físico deve ser coerente com a proposta metodológica da escola.*
>
> *[...]*
>
> *O ambiente merece ser estudado e preparado com a mesma atenção que destinados às "áreas nobres" do currículo...*
>
> *[...]*
>
> *Preparar o ambiente é uma das faces do exercício docente e o seu cuidado tem conseqüências de amplo espectro.*[129]

Defendemos que o início dessa reforma do espaço escolar aconteça no espaço externo, capaz de absorver qualquer proposta pedagógica visando a aprendizagens significativas que já, por sua natureza, atende aos quesitos exigidos na Política Nacional de Educação Ambiental e nas demais leis. Mas agora devemos contemplar as teorias com nível de qualidade internacional, contemplando as teorias da Psicologia do Desenvolvimento já comprovadas por vários países.

Edimara finaliza admitindo que, para a sorte desta pesquisa: *"Plantas e flores ajudam a descontrair e criar um clima agradável, além de oferecer possibilidades de desenvolver responsabilidades, pois o cuidado deve ser delegado aos alunos"*[130].

---

[129] *Ibidem*, p. 21, 23.
[130] *Ibidem*, p. 22.

Ter a responsabilidade de cultivar jardins e de mantê-los plenos e saudáveis pode ser um eixo das atividades propostas, gerando uma nova paisagem construída pela parceria entre docentes e alunos. Mesmo os de pouca idade.

Afinal, o *essencial é invisível* aos olhos[131]. E, por isso, não precisamos de paredes e pisos para que se atinjam e se usufruam dos benefícios gerados por processos de aprendizagens ao ar livre e, necessariamente, em ambiente natural. Este paisagisticamente pensado, caso não exista a natureza em sua forma espontânea dentro do terreno escolar escolhido.

Será que o pátio escolar usualmente encontrado nos dias de hoje (apenas uma quadra ou um pátio concretado retangular ou um *playground*, típico de edifícios residenciais ou de praças públicas) também não está ainda oculto e eclipsado, à espera de uma revelação aos olhos docentes e dos profissionais envolvidos para sua efetivação? Na espera de um novo *"coreógrafo"* (tal qual Isadora Duncan é para a História da Dança) *a despertar novas formas de explorar o espaço em equilíbrio com a natureza e inspirado por ela como sua força motriz?*

E os nossos tetos escolares? Ainda, em muitas escolas, locais para suporte de luminárias e raramente decorados com estrelinhas de papel, planetas pendurados ou até versos... como pude encontrar na creche central da USP, no início de set./2012 em visita guiada parte do Congresso Paulista de Educação Infantil (COPEDI) 2012.

Um exemplo marcante da atuação do ser humano e sua necessidade da presença do jardim não só para embelezamento foi apresentado no mesmo livro *O jardim e a paisagem*: o caso da primeira grande paisagem artificial considerada na História do Paisagismo, concebida e executada pela Dinastia Han (contemporânea ao Império Romano) sob a ordem do imperador Wei.

Possuía montanhas, florestas e pântanos dentro de uma muralha circular, além de um lago suficientemente

---

[131] SAINT-EXUPÉRY, A. **O pequeno príncipe**. Com aquarelas do autor. São Paulo: Madras, 2007. p. 70. Frase do personagem de Antoine de Saint-Exupéry O Pequeno Príncipe. Livro já citado aqui nesta pesquisa.

> *grande, para que, no centro deste, fossem criadas três ilhas, imitando as três lendárias Ilhas de Blest... pontes, torres, terraços, escadas e portais magníficos, transformando a floresta... animais simbolicamente representados por rochas... incorporando aos jardins as montanhas, os lagos, as rochas e as colinas.*[132]

A pesquisa aqui em desenvolvimento encontra mais afinidades entre o espaço escolar e o espaço paisagístico, lançando a seguinte pergunta: Nossos edifícios escolares não poderiam ser "montanhas" a serem inseridas harmoniosamente entre áreas verdes e "ilhas" (estares educativos, esportivos e de recreação e, por que não, de repouso) no cerne no complexo escolar?

Raramente encontrei colegas arquitetos refletindo sobre o espaço não construído. Mesmo a bibliografia de Paisagismo envolvendo espaços escolares é praticamente inexistente.

Por isso que arquitetos como Mayumi Watanabe de Souza Lima são nossa única "fonte" fora do Paisagismo, mas dentro da Arquitetura, por ter registrado todas as suas experiências específicas com instituições escolares.

Mayumi, arquiteta e urbanista, docente da Universidade de Brasília e da USP, a qual chegou a ser coordenadora da Faculdade de Arquitetura e Urbanismo de Santos, coordenadora e vice-diretora da Faculdade de Arquitetura e Urbanismo de São José dos Campos, entre outros cargos na área da Educação, com um toque pessoal que a diferencia dos demais colegas de profissão, também alerta sobre a qualidade do espaço construído (Arquitetura escolar) para as crianças em estruturas educacionais. Muitas vezes estas têm carácter confinante, limitador e desconexo da cidade. Vejamos suas firmes e preciosas palavras a este respeito em seu singular livro *A cidade e a criança*[133]: "*no geral, a tirania do desenho e o espaço dele decorrente surgem quando a habitação se torna coletiva, quando as escolas se popularizam, enfim quando o usuário passa a ser trabalhador anônimo das cidades e dos campos*"[134].

---

[132] VIEIRA, 2007, p. 63.
[133] LIMA, 1989.
[134] *Ibidem*, p. 9.

Não temos a intenção, de modo algum, de deixar à margem o papel da Arquitetura nos projetos escolares. Este momento de reflexão é apenas um aviso da baixa integração entre o projeto arquitetônico, a própria proposta pedagógica escolhida e o projeto paisagístico. Este último considerado, na maioria das vezes, apenas em seu aspecto de proporcionar embelezamento à edificação escolar e um lugar de descontrole, do *corre-corre* dos alunos.

O próprio projeto arquitetônico por vezes tem se apresentado apenas como uma concepção artística do autor (pois, se fruto da coletividade, tornaria o processo demorado, não atendendo à *pressa do mercado*), podendo ser utilizado para qualquer proposta educacional (e até não educacional). Assim, perdendo a chance de se vincular intimamente com as teorias, os conceitos, as práticas e o perfil do corpo docente e, acima de tudo, com o alunato, originando novas formatações, ou, como nós arquitetos costumamos nos expressar, *com novos partidos*[135], *novos layouts!*

Voltando a "ouvir" a arquiteta-professora Mayumi de Souza Lima, a qual dedicou boa parte de sua carreira às construções escolares na rede estadual, registrando suas experiências junto aos alunos dos primeiros anos da escolarização:

> *A liberdade da criança é a nossa insegurança, enquanto educadores, pais ou simples adultos, e, em nome da criança, buscamos a nossa tranquilidade, impondo-lhes até os caminhos da imaginação.*

> *Naturalmente não é necessário recorrermos a casos fora do nosso alcance para detectarmos essa situação a que estamos chamando de "controle para esconder a insegurança do adulto.*[136]

Faremos esta pausa estratégica para "dissolver" de vez possíveis desvios de julgamento acerca dos espaços abertos, com e sem elementos naturais, já que não é raro encontrarmos turmas inteiras — em

---

[135] A palavra *"partido"* refere-se a partido arquitetônico. Estilo da construção.
[136] LIMA, 1989, p. 11.

qualquer instituição escolar — em salas fechadas, também gerando os mesmos perfis de comportamentos normalmente vinculados ao medo dos espaços abertos e, mais ainda, dos espaços naturais.

Mayumi continua, com seu crítico olhar de docente e de arquiteta:

> A insegurança não diz respeito apenas ao medo de que crianças fiquem expostas a possíveis perigos, pois estes são reais e podem ser controlados objetivamente; o medo maior é o do desconhecido, do *novo que pode surgir na ação das crianças* e que pode colocar-nos diante da necessidade de nos repensarmos enquanto profissionais, enquanto pessoas que dominam o saber e, portanto, o poder.[137]

Estes argumentos nos levam a reafirmar que um pátio escolar verde não é apenas para embelezar o edifício escolar ou a entrada deste. E, por esta concepção corrente entre educadores e pais, acabamos (nós arquitetos; nós paisagistas) desenvolvendo projetos "paisagísticos" escolares (mais um ajardinamento, e não um projeto realmente paisagístico) que se resumem a canteirinhos lindeiros à construção escolar, ou aproveitando recuos obrigatórios (senão nem estes espaços existiriam), com alguns brinquedos e, hoje, uma hortinha retangular, que não passa de um canteiro também. E pátio escolar só para aulas esportivas, recreação breve ou algumas vezes no ano, uma festa prevista no calendário. Por que não ter aulas por horas e horas junto à natureza?

Não temos como afirmar se Mayumi pensava em *pátios escolares verdes educativos*, como é a nossa proposta. Mas suas reflexões, originárias de décadas de contato com alunos e escolas, mesmo como arquiteta, produziram conceitos não só para o Ensino Fundamental (o qual mais foi estudado por ela), mas que reverberarão em todas as fases do ensino formal, pela sua abrangência. Vejamos mais algumas de suas considerações, lamentando sobre este contexto que aparentemente inibe (ou melhor, parece repelir) a relação criança-natureza necessária ao aprendizado na primeira infância:

---
[137] *Ibidem*, p. 11.

> *[...] a oportunidade perdida de fazer dos espaços do cotidiano da criança um laboratório para o "desenvolvimento de um senso de liberdade, experimentação e comprovação, e também para uma apreciação estética, mais apurada do meio ambiente..."*[138]

Esta configuração espacial enquanto um verdadeiro "laboratório" traria, segundo ela, a pretensão de formar adultos mais criativos e inteligentes, com papel ativo na solução de problemas, já que as iniciativas e os atos autônomos dos alunos — principalmente, na ótica desta pesquisa — não seriam reprimidos ou inacessíveis, mas fariam da escola um espaço para se viver, para se movimentar. Mas o oposto é garantido pelo peso físico das paredes e sua quase desapercebida interligação com o espaço aberto, como propomos no corpo de toda a defesa desta pesquisa.

Com este olhar, todos os elementos paisagísticos (fontes, espelhos d'água, canteiros, passeios, bancos, *decks*, estares ao ar livre etc.) deveriam se interligar num grande projeto único. Mas nem por isso estático. Fundamentalmente dinâmico, pois este "jardim escolar" (como o batizaria) seria fruto das gerações e gerações de alunos (mesmo que de pouca idade): da sua interação com professores, colegas de turma, e até mesmo com os pais quando estes pudessem participar de momentos destas práticas. E, no caso da Educação Infantil, o mesmo jardim também deve ser entendido como um meio, uma ferramenta pedagógica para se estimular a "observação" científica e gerar "especulações" (usando as palavras da Prof.ª Dr.ª Regina) que darão "origem a múltiplos estudos científicos", que, no nosso caso, corresponderão às expectativas de aprendizagem planejadas para esta fase do Ensino Escolar (e já "abrindo o jogo" para todas as próximas, inclusive: Ensino Fundamental, Médio e Superior. Mas comecemos pelo começo!)

Para conhecermos outra faceta deste verdadeiro *"pas de deux"* — criança e natureza —, são igualmente válidas as palavras da professora Dr.ª Regina B. Pereira (retomo-a), ainda na "Apresentação":

---
[138] *Ibidem*, p. 11.

> *A relação homem-natureza, entretanto, não se restringiu ao viés científico. Desde sempre, em todas as épocas, houve também o envolvimento do componente emocional humano com as infinitas manifestações naturais.*

Nesta altura a pesquisa nos traz descobertas. Tanto a Dr.ª Regina Buongermino Pereira (professora graduada em Letras Neolatinas, com especialização em *Bases Renovadoras no Ensino de Português e mestrado em Língua Portuguesa*) quanto Maria Elena Merege (arquiteta paisagista com doutorado em Arquitetura e Urbanismo, com *Espaços Livres Urbanos*) ou Mayumi de Souza Lima (também arquiteta e docente com livros voltados à Arquitetura & Educação) parecem "congruir" ao enfatizar o aspecto emocional do espaço construído para o ser humano.

Assim, como Mayumi decidiu citar em *A cidade e a criança*[139], buscaremos em prol desta posição os dizeres de Bachelard[140], como foi destacado pela arquiteta quando focava a problemática do ato de projetar na construção de edifícios escolares. Comenta Mayumi, primeiramente:

> *[...] um mesmo espaço pode resultar em ambientes diferentes, assim como ambientes similares não significam espaços iguais.*
>
> *O ambiente significa a fusão da atmosfera, e se define na relação que os homens estabelecem entre si, ou do homem consigo mesmo, com o espaço construído ou organizado.*
>
> *criança que transcendem as suas dimensões físicas e se transformam nos entes e locais de alegria, de medo, de segurança, de curiosidade, de descoberta.*

Agora Mayumi, resgatando Bachelard:

> *Em Bachelard[141], esse componente subjetivo do espaço se amplia: "Começa na casa, enquanto recinto habitado, e*

---

[139] *Ibidem.*
[140] *Ibidem*, p. 14.
[141] BACHELARD, G. **La poética del espacio**. Madrid: Blume, 1954. Bachelard (1884-1962) foi um ilustre docente na Universidade Sorbonne, em Paris, e exerceu por gerações grande influência sobre

> *abraça o universo, através da proteção, amparo e calor humano que ela é capaz de transmitir...*
>
> [...]
>
> *O espaço tem a dimensão do próprio homem... as sombras se confundem com o pensamento e o corpo das pessoas".*

O aspecto religioso deste elo não será trabalhado nesta pesquisa, já que esta está focada no aspecto ambiental e educativo de crianças em ambiente escolar. Mas nestas linhas não deixei de citá-lo, pois é também um possível desdobramento, se pertinente a certas propostas pedagógicas em instituições de ensino religiosas. Aspecto este praticamente inexplorado, aliás.

No mais, o lado emocional do ser humano coexiste com o racional. E isto é fato confirmado pela Medicina em estudos dos mais variados na área das Neurociências, Psiquiatria etc. E, ao se incluir uma possível exploração com intuito didático envolvendo ambientes naturais ou paisagísticos em atividades escolares, abre-se um caminho complementar (digo, complementar mesmo, e não paralelo) às pesquisas científicas escolares (matemático, espacial, voltado às ciências, à pré-alfabetização etc.), acompanhadas com o intuito da descoberta do lado poético, artístico, sonoro, sensorial.

Permitamos, então, que a ideia de criar pátios escolares educativos e verdes em busca de uma simbiose entre criança-escola-natureza visando a aprendizagens significativas possa ser simbolizada como se fosse, poeticamente, um *haikai*.

O *haikai*, para quem não está familiarizado com a Arte Poética, é uma forma poética de origem japonesa. E quem pode nos definir melhor esse conceito é o Rodrigo de Almeida Siqueira, vencedor do 9º Encontro Brasileiro de Haikai, que aconteceu em outubro de 1994 em São Paulo, em seu artigo *O zen e a arte haikai*[142]:

---

inúmeros pensadores, além de ter uma produção bibliográfica extensa.

[142] SIQUEIRA, R. A. O Zen e a Arte do Haikai. *In*: SIQUEIRA, R. A. **Insite**. [*S.l.: s. n.*], dez. 2004. Atualizado em dezembro de 2000. Disponível em: http://www.insite.com.br/rodrigo/poet/o_zen_e_a_arte_do_haikai.html. Acesso em: 3 abr. 2012.

> O haikai é uma pequena poesia com métrica e molde orientais, surgida no século XVI, muito difundida no Japão e vem se espalhando por todo o mundo durante este século. Com fundamento na observação e contemplação enfatizando o sentimento natural e milenar de apreciação da natureza *através da arte*, sentimento este inerente a todo o ser humano. O mais tradicional poeta deste estilo é Matsuo Basho, monge Zen que aperfeiçoou o estilo e divulgou suas obras no final do século XVII.
>
> Ao sol da manhã uma gota de orvalho precioso diamante.
>
> - Matsuo Basho (1644-1694)
>
> As vantagens sobre o estudo e disciplina na escrita e apreciação de haikais são infindáveis. Áreas da vida como percepção, concentração, escrita em geral, comunicação, relacionamentos, intuição, autoconhecimento, meditação, expressão e gosto estético são afetadas e desenvolvidas de forma surpreendente e enigmática por quem entende e participa do haikai.

O haikai, agora pensando simbolicamente, *esforça-se* para apreciar de modo intenso e profundo a natureza e decodificar seus elementos visíveis e invisíveis, em que sensações do corpo nascem da conexão com o instante (o momento) e o espaço. Sempre de modo muito objetivo, estruturado e, simultaneamente, poético e subjetivo.

Na definição de Silvia Rocha, jornalista, escritora e poeta, em seu site oficial[143], onde se dedicou a esboçar uma "Antologia de haikais" (Parte I, no caso):

> O haikai é um micropoema de origem japonesa, inspirado na natureza. Ele traduz, em si mesmo, um incrível universo, que se descortina em seus singelos 3 versos. Como dizia o poeta e haikaísta Paulo Leminski, o haikai é uma

---

[143] ROCHA, S. Antologia de haikais: parte I. *In*: ROCHA, S. **Sílvia Rocha**. Cotia: PRONAC-SP; Secretaria de Cultura e Economia Criativa/Governo do Estado de São Paulo, [2012?]. s/p. Disponível em: http://www.silviarocha.com.br/antologia-de-haikais-parte-1/. Acesso em: 3 abr. 2012.

"cápsula de poesia concentrada". Ele é uma magnífica ferramenta pedagógica, e procurarei elencar, abaixo, alguns de seus atributos.

O pátio escolar — visto como ambiente de aprendizagens visando à otimização de teorias e práticas educacionais, pleno de elementos naturais, dinâmico no seu diálogo com o espaço construído e o não construído, carregados de objetividade e de subjetividade (conforme explanações anteriores), de materialidade e de espiritualidade, produto do intelecto e do afeto, da coletividade e também da individualidade das crianças e do corpo docente e pedagógico, artisticamente e tecnicamente assentado no projeto arquitetônico nascido das propostas pedagógicas adotadas — torna-se simbolicamente um verdadeiro *haikai*. Ou tenhamos esta *cápsula* como meta para a concretização de *projetos escolares-cápsula*, como os batizarei, primeiramente para a Educação Infantil. Assim, como esse micropoema, tomará uma forma personalizada, dependendo também das impressões do local, pessoais, coletivas, e nem por isso sem regras ou estrutura que as mantêm concentradas num todo único e indivisível. Científica, poética e nascida do ser humano na sua interação e cooperação com o ambiente natural, resultando em Arte e Conhecimento de Mundo.

Outras dimensões da inserção qualitativa do meio natural tornando pátios escolares como verdadeiras salas de aula (locais do aprender) ao ar livre são assuntos de pesquisas de uma agrônoma, professora (doutora e mestre em Paisagismo, na Suécia) da Universidade Federal do Rio Grande do Sul que, em especial, se dedica a trabalhar com pátios escolares desde 1989.

Praticamente pioneira nesta especialidade — Paisagismo Escolar —, Beatriz Fedrizzi tornou-se referência (praticamente "a primeira luz no fim do 'túnel", brinca a pesquisadora) com seu livro *Paisagismo no pátio escolar*[144]. Sua atuação e suas pesquisas na área Inter-Relação Homem-Ambiente, com ênfase em Psicologia Ambiental agregam a este estudo com intenso enfoque na Educação Infantil, declaradamente, como veremos a seguir, já antes mesmo do "Prefácio": *"Como posso mudar meu pátio escolar?"*

---

[144] FREDIZZI, B. **Paisagismo no pátio escolar**. Rio Grande do Sul: UFRGS, 1999.

E desperta-nos com o seguinte pensamento:

> *Nos últimos anos, a urbanização tem diminuído as áreas onde as crianças podem brincar livremente.*
>
> *As crianças passam mais tempo em instituições do que antigamente.*
>
> *Para muitas crianças, o pátio escolar é o único espaço aberto e seguro para desenvolver diferentes tipos de atividades.*[145]

E, como brasileira e conhecedora da realidade urbanística e educacional de nosso país (em destaque, com arborização urbana), ela confirma o perfil mais comum de espaços abertos oferecidos para nossas pequenas crianças em período escolar:

> *Ecologia é um assunto bastante conhecido nas escolas brasileiras, mas normalmente o que as crianças encontram fora das salas de aula é um ambiente desolado.*
>
> *A necessidade de áreas verdes nas grandes cidades é tão grande que não podemos desperdiçar nenhum espaço sequer sem colocar vegetação.*
>
> *O tipo de vida que levamos contribui para o estresse e, conseqüentemente, para uma fadiga mental. Um pátio escolar bem planejado com vegetação tem a capacidade de diminuir esses problemas, oferecendo uma qualidade de vida melhor.*[146]

Beatriz Fedrizzi enriquece, desta maneira, a defesa por uma simbiose entre crianças das séries iniciais do Ensino Brasileiro com a Natureza.

A seguir, aspectos particulares pertinentes à Educação Infantil podem ser identificados nos dizeres de Fedrizzi: *"Pesquisas têm demonstrado que a capacidade de concentração e de coordenação motora das crianças melhoram quando as mesmas têm contato com a natureza".*

---

[145] *Ibidem*, p. 11.
[146] *Ibidem*, p. 12.

A professora Dr.ª Beatriz informa-nos que, nos últimos anos, um movimento iniciado na Inglaterra e denominado *Learning Through Landscapes* (LTL; em português, *Aprendendo com a Paisagem*) está reformulando e mudando pátios escolares em todo o mundo! E, se consultarmos o site oficial do LTL[147], perceberemos, enquanto pesquisadores, enquanto docentes, enquanto mães e pais e como arquitetos-paisagistas, quanto o Brasil ainda tem a descobrir a sua própria dimensão florestal, florística, faunística a ser pensada no âmago da Arquitetura e do Paisagismo Escolar. Ao mesmo tempo, provar-se-á a nós que a Pedagogia pode "beber" desta nova fonte, deste novo olhar para com o espaço escolar e suas facetas educativas.

O movimento declara que o site foi criado para qualquer pessoa que partilha a paixão pela criação de espaços abertos pensados para oferecer experiências estimulantes a crianças e jovens. Oferece até treinamento a educadores no mundo todo e produz bibliografia especializada, originária de estudos de caso de sucesso.

Vários textos, artigos e experiências estão registrados e disponíveis na internet nesse canal. Assim já podemos ter dados e estatísticas que confirmam os benefícios surgidos desta proposta. Saúde, Sociabilidade, Aprendizado, Natureza, Comunidade, como tomaremos conhecimento no trecho a seguir, na seção *"Transforming Childhood"* (em português, em tradução livre, *Transformando a Infância*) do site oficial:

> *The reasons for disaffection and low attainment in the classroom are undoubtedly complex, but many agree we need to find ways to make learning more engaging.*
>
> *Many children struggling in today's classrooms are practical learners who respond best to practical experiences, learning by doing.*
>
> *Learning outdoors brings teaching alive.*

---

[147] Consultar site oficial: http://www.ltl.org.uk. Acesso em: 15 fev. 2014.

> *In surveys of schools that improved their grounds with LTL support, 78 per cent of teachers reported a change in teaching practice,** whilst two thirds observed improved attitudes to learning among their pupils.****
>
> *Fresh air and natural light stimulate the brain. Outdoors, noisy behaviour is encouraged and making a mess is allowed. It's not just PE and biology that can be taught outside: with a little creativity history, art, maths and literacy, in fact the whole curriculum can be taken outdoors. The relationship between teachers and pupils changes, concepts that are abstract theories in the classroom can be brought to life.*[148]

O LTL afirma que as razões do desinteresse e baixo rendimento dos alunos na sala de aula são indiscutivelmente complexas, mas precisamos, enquanto profissionais da Educação e afins, encontrar novas formas de tornar a aprendizagem mais envolvente. Muitas crianças acabam respondendo melhor às experiências práticas.

Assim, pesquisas de escolas que tiveram o apoio da LTL confirmaram alguns resultados nestes últimos anos na reformulação dos pátios escolares enquanto ambientes de aprendizagem: 78% dos professores relataram uma mudança na prática de ensino[149], por exemplo.

Nestes renovados pátios escolares, a movimentação livre dos alunos é permitida. Corre-corre, conversas, risos. Professores fantasiados teatralizando histórias ou lendo sobre pedras em volta de lençóis estendidos em plena mata. E assim ensinam, com esta atmosfera: Biologia, História, Artes, Matemática. Alfabetizam-se e contemplam — de fato — todo o currículo oficial proposto vigente no país, com apoio da LTL, a qual está ativa nos dias de hoje em países como Escócia e País de Gales.

---

[148] LEARNING THROUGH LANDSCAPES. **Transforming childhood**. [S.l.]: One2create, [2012?b]. s/p. Disponível em: http://www.ltl.org.uk/childhood/learning.php. Acesso em: jun. 2012.

[149] Fonte informada pelo site: "From a survey of teachers whose schools participated in the RBS Supergrounds programme. Read the RBS Supergrounds evaluation". Acessado novamente em junho de 2012.

Por que não contar histórias de contos de fadas ou os conteúdos programados no currículo escolar no gramado? Ou será que continuaremos a ver estas novas posturas (aluno-docente, aluno-natureza e docente-natureza) apenas em filmes como o *Sociedade dos Poetas Mortos*[150], em que um professor de Literatura (interpretado pelo ator Robin Williams) decide levar seus alunos para recitar poemas num belo gramado típico das universidades europeias, ao som do vento, das folhas das árvores e dos chutes na bola de futebol a cada poema recitado (mesmo que exista uma sala fechada tradicionalmente disponível para tal)?

A forma expressiva e simbólica do ato de subir nas carteiras escolares, como o do professor-personagem John Keating, até pouco tempo presas com parafusos no chão, é o auge da crítica à superioridade e à exclusividade do espaço fechado sobre o espaço aberto e natural para fins de aprendizagens em ambiente escolar.

Ou mesmo no também conhecido (e já comentado, mas complementando a discussão) filme *O Jardim Secreto*, que nos mostra inesquecíveis cenas entre crianças e um jardim, e o poder restaurador, revigorante, como *locus* de sociabilidade (rever comentários da professora Maria Elena sobre este conceito) deste último. Assim, quando apreciamos as fotos disponíveis no site da LTL, acabam de nos fazer lembrar das cenas em que Mary (uma menina que veio da Índia, sobrinha do dono do solar, que perdera os pais naquele país e que descobre um jardim abandonado — e fechado há anos —, onde sua mãe e irmã gêmea passavam horas entre flores, conversas e brincadeiras) com seu primo Colin (apático desde a perda da mãe e antes da chegada de Mary, recluso em seu quarto fechado *sem germes*, como costuma dizer nas cenas) redescobrem a si mesmos, enquanto crianças, enquanto parentes. E Colin sente-se estimulado a voltar a andar quando é levado para lá e na presença de um único carneirinho, que acabara de aprender a andar...

---

[150] SOCIEDADE dos Poetas Mortos. Direção: Peter Weir. Estados Unidos: Walt Disney Studios, 1989. 1 DVD (128 min), color, edição especial. Título original: *Dead Poets Society*. Adquirido pela pesquisadora na sua versão *edição especial*.

Entre muitas interpretações, a Natureza é envolvente, até mesmo provocadora de atitudes e redescobertas pessoais, coletivas. Assim, o jardim secreto cresce com as crianças, ou melhor, também *renasce com elas e é o afloramento de cada uma delas*, pela ótica desta pesquisa.

Sabemos que Beatriz Fedrizzi aprecia iniciativas como a do *Learning Through Landscapes*, por isso colocaremos alguns dados relevantes ao nosso estudo (benefícios aos alunos e educadores) já coletados pelo movimento que tem como meta renovar o maior número possível de pátios, inicialmente na Europa, mas com oportunidades a docentes em outros países para estes *polinizarem outros ares*:

> 85% dos professores disseram que o aprendizado se tornou mais criativo, com mais informações e conscientização ambiental.
>
> 65% dos educadores observaram melhores atitudes para aprender 73% constataram melhora de comportamento dos alunos
>
> 64% relataram redução do *bullying* em ambiente escolar
>
> 84% dos educadores relataram melhora na interação social entre os alunos.[151]

Organizações e movimentos como este citado comprovam que é possível. E, assim, começamos a pensar se o impossível não seria apenas uma possibilidade não viabilizada.

Iniciativas como esta assumem objetivos como:

1. Permitir que as crianças se conectem com a natureza;

2. Que as crianças sejam mais ativas, mais envolvidas com a sua aprendizagem;

---

[151] LEARNING THROUGH LANDSCAPES. **About us**. [*S.l.*]: One2create, [2012?a]. s/p. Disponível em: http://www.ltl.org.uk/about/about-ltl.php. Acesso em: jun. 2012.

3. Que as crianças desenvolvam suas habilidades sociais ao mesmo tempo que se divirtam;

4. Deixar os jovens terem opinião e opinarem durante o processo de aprendizagem;

5. Assim, eles aprendem a criar e a cuidar, tornando o aprendizado e o pátio valiosos;

6. A autoestima cresce, e seu comportamento melhora, com o seu potencial para aprender e realizar.

Ao mesmo tempo que:

1. Divulgam-se os benefícios da aprendizagem ao ar livre na Educação Infantil e no Ensino Fundamental;

2. Inspirando profissionais como paisagistas a conceberem ambientes ao ar livre desenvolvidos para apoiar o desenvolvimento da criança;

3. Permitindo que educadores e profissionais que lecionem para crianças de pouca idade desenvolvam confiança, ideias e outras capacidades necessárias ao melhor uso dos espaços externos visando ao ensino, sem deixar de cumprir os conteúdos previstos no currículo escolar obrigatório de cada país.

Após Beatriz Fedrizzi nos dar esta oportunidade de conhecer grupos já dispostos em mudar o conceito do que seria um pátio escolar — escolar mesmo, e não um *playground* para os intervalos, para o esporte que o domina no caso brasileiro —, retomemos algumas de suas reflexões nesta contextualização em prol da reconexão criança-natureza para fins educacionais e, claro, qualidade de vida.

> *Muitas coisas podem acontecer lá fora, no pátio escolar.*
>
> *Ensino e aprendizagem podem acontecer no pátio escolar e isso pode ser um complemento do que é ensinado nas salas de aula e vice-versa.*[152]

Uma pausa para um questionamento: Por que *sala de aula*? Então só teria mesmo aula na sala. Fora não!

Logo, não seria o caso de revermos também certos vocabulários para uma renovação do olhar, do conceito, destes espaços? Sugestão: Sala. Ou, senão, que tal *pátio de aula*? Melhor não restringir usos, já que a tendência é a multifuncionalidade. Em Arquitetura, já diariamente em vigor, como na expressão: Edifício multifuncional (residencial, comercial, institucional etc. Lembremo-nos, por exemplo, do Conjunto Nacional, na Avenida Paulista) ou espaço multifuncional. E salas podem conter inúmeros usos num mesmo espaço ou em tempos diferentes.

Logo, escutemos e pensemos a respeito da seguinte sugestão de Fedrizzi para que as crianças aprendam tanto em espaços fechados como em espaços abertos:

> É importante que os estudantes tenham su*cesso naquilo que estão fazendo, ou então eles poderão perder o interesse. Faça as crianças acreditarem que elas podem, que o que elas fazem pode fazer diferença... ajude a se tornarem responsáveis e independentes no que diz respeito a sua aprendizagem.*
>
> *O uso do pátio escolar como um recurso educacional pode ser um meio para alcançar esses objetivos... para fazer com que o ensinar se torne mais claro e real.*[153]

Nestas condições citadas, as crianças poderiam ficar no pátio em parte do dia escolar. O que já seria uma mudança significativa e qualitativa para nossos alunos no Brasil. Mas devo já destacar a existência de casos — em outras partes do mundo — que estuda-

---

[152] FEDRIZZI, 1999, p. 18.
[153] *Ibidem*, p. 14-17.

remos com particularidade no próximo capítulo, por funcionarem com imersão total em ambientes naturais. Ou seja, a sala de aula acontece na floresta. A sala em si, física, é inexistente. E estamos falando de crianças de 3 a 6 anos, correspondendo ao Maternal e ao Pré brasileiros.

Voltando, num último momento, à Prof.ª Dr.ª Beatriz, agrônoma (lembremos). Sua preocupação com a possibilidade de ensinar múltiplos conteúdos para a Educação Infantil, em especial, perpassa toda a chamada "Seção 2" do livro já citado.

Logo, segue esquema resumindo alguns possíveis conteúdos e propostas de seu estudo para melhora do uso do pátio escolar, ao ar livre, que Fedrizzi sugere, partindo do pressuposto de que *O trabalho das crianças é brincar*[154] e o pátio permite o brincar, o socializar-se, ter contato com a natureza, onde se pode cultivar, praticar esportes, até mesmo ficar sozinho ou cochilar.

1. Educação Física – usar diferentes áreas do pátio para estas atividades esportivas, não somente em quadras esportivas;

2. Português – canto de leitura, que pode ser debaixo de uma árvore, no pátio pode inspirar a escrever poesias, relatórios orais, escritos ou grupos de discussão;

3. Matemática – Contagem de sementes ou percentagem em uma horta; a lousa pode ser o chão para se desenhar figuras geométricas; medição de muros, contagem de folhas, de pedras, árvores, etc;

4. Ciências – um pátio com vegetação propicia estudos ecológicos, de clima; um relógio de sol pode ser feito, estudo das estações do ano, do tempo, etc. E, se oferecer ambientes naturais

---

[154] *Ibidem*, p. 153.

diferenciados, como área para o lago, pequenos bosques, com plantas variadas e alguns animais;

5. Geografia – elaboração de mapas e plantas baixas a partir da observação do pátio, com uso de diferentes escalas; observação do comportamento do sol e das estrelas!; identificarem tipos de pedras, etc;

6. Educação Ambiental – Pode acontecer no pátio e arredores da escola. Na horta, observar o ciclo da vida; Diferentes *habitats* para compreensão da vida selvagem; fazer as crianças entender as consequências positivas para todo o planeta se seu pátio escolar fosse verde (com muita vegetação);

7. História – Sugere um tipo de atividade que levante questionamento sobre o que teria acontecido neste local há muito tempo atrás; o pátio escolar poderia também ser usado nesta disciplina como palco para teatralizar batalhas históricas ou construir ocas para as crianças entenderem como os índios vivem.

8. Educação Religiosa – Divulgar cuidado e respeito com todas as coisas vivas; experiências observando o nascimento, crescimento e morte. Incluindo enterro do animal, para tratar com respeito seu corpo; realizar festas religiosas e desenvolver o senso de admirar a beleza da natureza.

9. Artes Dramáticas – o pátio pode ser um palco para interpretações de papéis, expressão corporal e mímica; pode receber apresentações de atores profissionais;

10. Belas Artes – a arte pode ser realizada em qualquer lugar do pátio, fazendo esculturas, tirando fotografias, folhar e galhos podem ser utiliza-

dos como material para produções artísticas dos alunos;

11. Inglês – no pátio, as crianças podem escrever cartas para crianças de outros países que estejam mudando o pátio de suas escolas; trocar idéias a respeito de seu pátio, em inglês; o vocabulário pode ser treinado se valendo de caminhadas ao ar livre onde as crianças iriam reconhecendo os objetos, plantas, pássaros, pedras à sua volta.

12. Música – Tocar instrumentos ao ar livre, sob árvores ou em gramados; usar materiais naturais para confecção de instrumentos musicais [...].

Beatriz comenta que um lugar bem cuidado faz a criança se sentir bem cuidada também. Logo, ao pensar em cada atividade, com detalhismo, garantiremos uma atmosfera de acolhimento e conforto, ao mesmo tempo que se garantem as atividades em si. Mais ainda, o que nos chamou atenção da pesquisadora foi a vontade de Beatriz Fedrizzi de também convencer o leitor, docentes e paisagistas, a entender que a criança — além de todas as atividades previstas para sua fase de aprendizagem — precisa também de um local onde ela possa ficar sozinha e até dar uma cochiladinha. Condição que raramente podemos ver nas escolas em geral. Não só nestas fases da Educação Infantil.

Segundo suas claras, firmes e pioneiras palavras:

> *Todos precisam ficar sozinhos algumas vezes, mesmo as crianças.*
>
> *Cantos isolados são importantes, pois permitem que as crianças tenham refúgio e locais secretos.*
>
> *É importante ter a possibilidade de escolher entre brincar em grupo ou consigo mesmo.*[155]

---

[155] *Ibidem*, p. 21.

Ousaremos complementá-la ao afirmarmos que este momento consigo mesmo também é uma possibilidade muito especial de a criança entrar em simbiose com a natureza, antes, durante e após processos de aprendizagens, gerando momentos de reflexão individual sobre esta outra sensação tão diferenciada de criança para criança, de docente para docente, aliás.

Domenico de Masi[156] pode enriquecer este olhar de Fedrizzi para um espaço como este, para a criança ficar sozinha num momento de ócio. Não visto de modo pejorativo, como vemos nas escolas (já que raramente é autorizado deixar a criança quieta e sozinha em algum ponto da escola), mas como um momento essencial a este ser humano, de várias formas, que não somente para o descanso e relaxamento físico:

> [...] porque o ócio é necessário à produção de ideias e as ideias são necessárias ao desenvolvimento da sociedade. Do mesmo modo que dedicamos tanto tempo e tanta atenção para educar jovens para trabalhar, precisamos dedicar as mesmas coisas e em igual medida para educá-lo ao ócio.[157]

E, com bastante preocupação, Domenico explica como é esse ócio positivo:

> Existe um ócio dissipador, alienante, que faz com que nos sintamos vazios, inúteis, nos faz afundar no tédio e nos subestimar.

> Existe um ócio criativo, no qual a mente é muito ativa, que faz com que nos sintamos livres, fecundos, felizes e em crescimento... o que é alimentado por estímulos ideativos e pela interdisciplinaridade.[158]

Acreditamos que é este tipo de momento do estar sozinho que a criança é entendida. Com apoio de Beatriz Fedrizzi para divulgar

---

[156] DE MASI, D. **O ócio criativo**. [Entrevista cedida a] Maria Serena Palieri. Tradução de Léa Manzi. São Paulo: Sextante, 2000.
[157] *Ibidem*, p. 235.
[158] *Ibidem*, p. 235.

projetos de pátios escolares que permitam tal momento consigo mesmo em ambiente escolar.

Não seria um espaço verde e aberto voltado para o tédio, pois a criança está envolvida em projetos pedagógicos que exigem dela momentos criativos e reflexivos a serem inseridos nas produções acadêmicas previstas.

Falando de tédio, De Masi define-nos de modo inovador este tédio (de modo geral) comumente presente na comunidade escolar nos dias de hoje. A seguir, possíveis raízes do problema:

> O tédio... uma falta e uma busca de sentido, que nascem, justamente, do excesso de tempo disponível e da inexistência de compromissos que sirvam para preenchê-lo... como quando não compartilhamos objetivos para os quais possamos canalizar as nossas energias mais positivas.[159]

Momentos tediosos no sentido negativo não estariam presentes no conceito de pátio escolar da docente, pois a criança estaria envolvida nas atividades pedagógicas, e este cantinho para se ficar só equilibraria os majoritários momentos de atividades coletivas vigentes. Sem ônus no processo de aprendizagem.

De Masi parece apoiar tal ideia, aqui adaptada às crianças em ambiente escolar formal. No contexto do livro, para os cidadãos em geral:

> Uma parte do nosso tempo livre deve ser dedicada a nós mesmos, ao cuidado com o nosso corpo e com a nossa mente. Uma outra parte deve ser dedicada à família e aos amigos. Devemos dedicar uma terceira parte à coletividade... de acordo com sua vocação pessoal e a sua situação concreta.[160]

Fredizzi é uma das poucas profissionais/docentes a sugerir (em livro publicado no ano de 1999!) declaradamente o trabalho em equipe entre a Escola (corpo acadêmico e diretivo) e os arquitetos e paisagistas. Além de exigir destes últimos a viabilização deste sonho

---

[159] Ibidem, p. 256-257.
[160] Ibidem, p. 187.

de projetar novos pátios verdes ou de reformar os existentes dentro deste conceito.

Em *Conversando com o paisagista*, ela, que também é agrônoma de formação, com doutorado e mestrado em Paisagismo na Suécia[161], alerta seus colegas da seguinte forma:

> Você, sendo o paisagista que vai projetar o pátio da escola, deve lembrar que os espaços abertos precisam ser planejados com o mesmo cuidado que as áreas construídas. Cada pátio escolar é único, portanto não generalize as *soluções*. Verifique cuidadosamente as necessidades da escola. Considere a necessidade de ler todo este manual...[162]

Devemos perceber também alguns pontos que ela destaca, como ter apoio do corpo docente e da administração da escola, trabalhar para as crianças e envolvê-las no processo — como em Mayumi, aqui em análise —, entender a necessidade destas crianças que usufruirão do projeto paisagístico, conversar com elas, pedir para elas desenharem o pátio dos seus sonhos, observar o comportamento delas quando estão no pátio, projetar de modo interdisciplinar — com outros profissionais de outras áreas pertinentes. E, o mais intrigante, Fredizzi fala para não se deixar influenciar por opiniões particulares (diretores, professor de Ciências, professor de Educação Física), mas sim procurar ter uma visão holística do processo.

Fredizzi, desta forma, parece também defender a necessária simbiose entre criança e natureza acompanhando processos educativos e dando base para que estes possam se manifestar não obrigatoriamente entre quatro paredes.

No mais, consolida seu pensamento ao registrar que *"estudos têm mostrado que crianças que têm contato com a natureza no ambiente da escola são mais saudáveis, (Fundação Gaia, 1995) as brincadeiras são*

---

[161] Doutorado e mestrado em Paisagismo pela Swedish University of Agricultural Sciences (ALNARP). Também professora de Paisagismo das faculdades de Agronomia e Arquitetura da UFRGS e desenvolve projetos de pátios escolares desde 1989.

[162] FEDRIZZI, 1999, p. 31.

mais variadas, elas fantasiam mais, (Grahn, 1996), têm melhor coordenação motora e uma melhor capacidade de concentração (Fundação Gaia, 1995)"[163].

Os pátios escolares repletos de concreto e muros de alvenaria não seriam tão opressores quanto adultos que não deixam as crianças brincarem?

Mas como elas poderiam realizar seus sonhos e momentos de diversão apenas diariamente estando entre quatro paredes? Muitas até mesmo sem poder olhar pela janela? Como poderiam, se *havia portas por toda a volta da sala...* e, ainda por cima... *estavam fechadas?*

Lançamos esta pergunta: Por que ainda hoje é negada à criança a oportunidade de estar e de fazer parte da natureza, principalmente quando em ambiente educativo, como a escola? Onde o plano Z, e não só o X e o Y, deveriam ser experimentados?

No "Posfácio" da nova edição de *Alice no país das maravilhas* (ver nota de rodapé 201), repleta de ilustrações fantásticas de Luiz Zerbini, outra descoberta sobre as *Alices* que procuro. Lá a afirmação de Lewis Carroll ter tido uma amiga — criança — também chamada Alice. Na verdade, Alice Liddell, a qual aparece numa foto de página inteira[164], em Branco e Preto, num cantinho ajardinado.

Carroll, segundo se afirma neste momento do livro aqui adotado, escrevera uma carta para uma criança, ao que parece, para Alice Liddell, tentando encontrar respostas (como eu) sobre como uma criança gostaria de *gastar a sua preciosa vida* e sua efêmera infância, na verdade:

> "Você costuma brincar de vez em quando? Ou a ideia que você faz da vida é 'café da manhã, fazer lições, almoço, fazer lições e assim por diante?... Essa seria uma forma muito organizada de viver, e seria quase tão interessante quanto ser uma máquina de costura ou um moedor de café"[165].

---

[163] *Ibidem*, p. 19.
[164] CARROLL, L. **Alice no país das maravilhas.** São Paulo: Cosac Naify, 2009. p. 150.
[165] *Ibidem*, p. 151.

Assim como Carroll, visualizamos nesta pesquisa as crianças em ambientes dinâmicos, criativos, não monótonos ou rotineiros, articulados com ambientes naturais plenos de verde. Com lugar especial para o inesperado, para o novo a cada passo ou olhar. Ou numa pequena parada para um suspiro. E o lugar mais fértil para estas propostas, ao ver da pesquisadora que vos fala: a escola de educação infantil.

Em *"Sobre os autores"*[166], do mesmo livro, sabe-se que Lewis Carroll, durante um passeio de barco com as três filhas de um dos decanos de Oxford — Henry Liddell — no dia 4 de julho de 1862, improvisou uma história incrível em que Alice Liddell — sua amiga entre as irmãs — teria o papel principal. História que viraria livro a pedido da menina. Um único manuscrito ilustrado pelo autor.

No Natal daquele ano, a Alice Linddell ganhou de presente este livrinho que seria ampliado e publicado em 1865, originado de um passeio no lago...

Em muitas ocasiões, estar no meio natural parece ter estimulado *gente-grande* a criar histórias para *gente-pequena*, para elas ou se passando por elas (como se ainda o escritor fosse criança).

Às vezes, vamos ao encontro de livros, pesquisas, entre outras fontes, como pesquisadora, ou como educadores e até mesmo como mãe atrás de respostas. Mas mesmo com pouca idade, com pouca experiência, nossas crianças já nos ensinam ao seu modo o seu olhar sobre o mundo.

O "Pequeno Príncipe" (figura de linguagem fazendo referência a "aluno" ou "criança") está ao seu lado, em casa, ou na escola que você leciona? Pode ser que o encontre em casa, vendo TV e comendo pipoca, e ele resolva lhe dizer seus pensamentos mais puros e iluminados. Não importa a situação. O "pequenino príncipe" pode se mostrar todos os dias, dia sim, dia não, ou apenas num único e raro minuto em que você "trombar" com ele.

---

[166] *Ibidem*, p. 155.

A ideia de resgatar agora os "Pequenos Príncipes", metaforicamente facilitando a reflexão sugerida, é que sempre será possível identificar traços universais típicos das crianças na sua relação com o mundo (ou melhor, como parte do mundo) nos personagens mais admirados pelo mundo. Ideia válida para as outras histórias já comentadas. Mesmo em crianças-livro, como as chamarei. Representantes também das reais.

O que estamos procurando no nosso *ir e vir* incessante na rotina escolar? Não seria melhor também aproveitarmos a "viagem" e também colocarmos o nosso nariz "contra as vidraças"?

Nunca devemos nos esquecer de lembrar, durante todo o planejamento e processo das atividades escolares e do próprio projeto paisagístico proposto, o seguinte: *Todas as pessoas grandes foram um dia crianças — mas poucas se lembram disso*[167].

Retomando as ideias iniciais deste capítulo, o pátio escolar ecoeducativo é um jardim educativo. Um jardim dedicado às aprendizagens das crianças, com base no mundo das crianças. Deve ser necessariamente projetado com esta sensibilidade.

É esta contribuição reflexiva que desejamos deixar, pois, de inúmeras maneiras, tentamos comprovar a necessária simbiose entre criança e natureza para a otimização e a viabilização de processos de aprendizagens.

---

[167] SAINT-EXUPÉRY, 2009, s/p, dedicatória.

3

PARA IRMOS ALÉM DO HORIZONTE "VERDE": CONSIDERAÇÕES FINAIS

Só no silêncio e na solidão podemos recobrar aqueles sonhos e construir, planificar o espaço, plantar árvores, levantar montanhas, navegar na lembrança de um lago, Correr pelos bosques, ouvir e ver o que queiramos, Batizar os caminhos, descobrir os símbolos ocultos

[...]

Tocar as pedras outrora tocadas, Seguir o contorno de uma face divina. Saber quem somos, escutar uma voz que soa distinta à própria. Está aqui a lembrança física da nossa paisagem.

(Tomás Calvillo)[168]

É urgente adicionarmos algumas reflexões especiais para este trabalho nestas considerações finais para que possamos contribuir ainda mais, agora com olhares diferenciados, com a tentativa de sensibilizar as instituições pré-escolares neste pedido de mudança de paradigma espacial e de aprendizado.

Como um verdadeiro *Zeitgeist*[169] deste momento da pesquisa, a poesia acima transcrita parcialmente já nos remete a esta fractal entre Paisagismo & Pedagogia, evidenciando-nos a capacidade que o espaço físico ajardinado (e até o naturalmente pleno de cobertura vegetal) pode e é capaz de envolver o ser humano e de realizá-lo.

---

[168] CALVILHO, 2006 apud FRANCO, M. A. R. **Desenho ambiental**: uma introdução à arquitetura da paisagem com paradigma ecológico. São Paulo: Annablume, 2006. p. 38.

[169] É um termo alemão cuja tradução significa *espírito da época, espírito do tempo* ou *sinal dos tempos*. O *Zeitgeist* pode ser entendido como o clima intelectual e cultural de uma época em especial, ou as características genéricas de um determinado período de tempo. Expressão muito usada na Arquitetura, por exemplo.

Aprendizagens, neste ponto, relacionadas a todo o conteúdo proposto para esta fase da Educação Infantil, estão previstas atualmente, por exemplo, no *Referencial curricular nacional para a educação infantil*[170], que

> [...] pretende apontar metas de qualidade que contribuam para que as crianças tenham um desenvolvimento integral de suas identidades, capazes de crescerem como cidadãos cujos direitos à infância são reconhecidos. Visa, também, contribuir para que possa realizar, nas instituições, o objetivo de socialização nessa etapa educacional, em ambientes que propiciem o acesso e a ampliação, pelas crianças, dos conhecimentos da realidade social e cultural[,]

segundo as próprias palavras do Ministro da Educação e do Desporto Paulo Renato Souza. Documento concebido em três volumes, cujo terceiro, aliás — a destacar — prevê "o verde" no processo educativo escolar.

Vamos conferir esta conexão sugerida em âmbito nacional brasileiro:

> Um volume relativo ao âmbito de experiência Conhecimento de Mundo que contém seis documentos referentes aos eixos de trabalho orientados para a construção das diferentes linguagens pelas crianças e para as relações que estabelecem com os objetos de conhecimento: Movimento, Música, Artes Visuais, Linguagem Oral e Escrita, <u>Natureza e Sociedade</u> e Matemática.

Nosso estudo converge, em especial, com este terceiro volume, "Conhecimento de mundo", para crianças de 0 a 6 anos. Lembremos que a faixa etária do nosso estudo abarca de 3 a 6 anos. Logo, compatível com este documento. Mais especificamente, em "Natureza e sociedade", onde reflexões sobre "Objetivos" (p. 175 do referido documento) são claramente capazes de otimizar e de fundamentar

---

[170] BRASIL. Ministério da Educação e do Desporto. Secretaria de Educação Fundamental. **Referencial curricular nacional para a educação infantil**. Brasília: MEC/SEF, 1998. v. 2. Disponível em: http://portal.mec.gov.br/seb/arquivos/pdf/volume2.pdf. Acesso em: 1 set. 2023.

nossos ideais inerentes nesta tese, em que o elemento "natureza" é posto de evidência, com alto teor educativo declarado:

> *Crianças de zero a três anos*
>
> *A ação educativa deve se organizar para que as crianças, ao final dos três anos, tenham desenvolvido as seguintes capacidades:*
>
> - *<u>explorar o ambiente</u>, para que possa se relacionar com pessoas, estabelecer <u>contato com pequenos animais, com plantas</u> e com objetos diversos, manifestando curiosidade e interesse;*
>
> *Crianças de quatro a seis anos*
>
> *Para esta fase, os objetivos estabelecidos para a faixa etária de zero a três anos deverão ser aprofundados e ampliados, garantindo-se, ainda, oportunidades para que... sejam capazes de:*
>
> - *interessar-se e demonstrar curiosidade pelo <u>mundo social e <u>natural</u>, formulando perguntas, imaginando soluções para compreendê-lo, manifestando opiniões próprias sobre os acontecimentos, buscando informações e confrontando ideias;*
>
> - *estabelecer algumas relações entre o modo de vida característico de seu grupo social e de outros grupos;*
>
> - *estabelecer algumas <u>relações entre o meio ambiente e as formas de vida que ali se estabelecem</u>, valorizando sua importância para a preservação das espécies e para a qualidade da vida humana.</u>*

Para tanto, de modo intertextual, visando finalmente enriquecer nossa últimas considerações com um conteúdo mais inédito, leiamos as reflexões de Gianfranco Staccioli, que felizmente esteve no Brasil no ano de 2012 por ocasião do II Congresso Internacional de Educação Infantil[171], como carta-resposta[172] enviada em 23 de outubro de 2012 à entrevista informal — realizada pela autora desta pesquisa — durante o evento citado, na qual ela declarou para esse palestrante o seu desejo em defender uma simbiose entre crianças e natureza, entendida como necessária ao aprendizado durante a primeira infância em espaços escolares.

Assim o palestrante se posicionou perante tal ideia:

Cabe, antes, reforçar que Gianfranco Staccioli é docente da Universidade de Florença de "Metodologias para jogos e animação" (Faculdade de Educação), Secretário Nacional do Centro de Exercitação dos Métodos da Educação Ativa (CEMEA italiano), escritor de livros voltados à Educação Infantil e pedagogista italiano, parte do grupo de investigação e de ação sobre o jogo *LudoCemea*, da equipe internacional de pesquisa *Jogos et são ludiques*, liderada por Pierre Parlebas. E tem participado em várias palestras na Itália, Europa, América Latina e África. Neste Congresso Internacional de Educação Infantil (congresso citado anteriormente), promovido pela USP (no caso, realizado no SESC Vila Mariana), ele palestrou na Conferência I sobre *Educação Infantil subvertendo as ordens?*, que mostrou, segundo o ponto de vista da ouvinte pesquisadora, o universo da sensibilidade, da imaginação, da ação das pequenas crianças em pré-escolas italianas que as valorizam como participantes ativas de seu processo de aprendizagem escolar e de conhecimento do mundo em si. Redescobrindo-o em momentos que podem ser propiciados pelo pedagogista e atelierista, aliás. E ilustrou, com inúmeros desenhos infantis de alunos italianos de pouca idade, o complexo mundo das ideias, das imagens, dos conceitos e das práticas quando se enfoca o aprendizado na primeira infância, rica em linguagens que não necessariamente verbais. Mas nem por isso deixam de ser profundas e plenas de sabedoria sobre o mundo que as cerca e sobre si mesmas.

---

[171] Promovido pela USP e organizado pela Márcia Gobbi simultaneamente ao VI COPEDI, ocorridos de 3 a 6 de setembro de 2012.

[172] STACCIOLI, G. [**Correspondência**]. Destinatário: Cíntia Ribeiro Rondon. Tradução de Silvio Gaggini. [*S.l.*], 23 out. 2012. Correio eletrônico. s/p. Silvio Gaggini é italiano nativo do Norte da Itália, parente da pesquisadora.

Desse modo, segue a referida carta-resposta, que impulsionará a identificação de teorias educacionais que emergirão quando nos propomos a tentar esboçar, na verdade, um História do Paisagismo Escolar iniciado na Educação Infantil, como propõe este trabalho.

A Natureza inatural na Educação das Crianças Pequenas,

para Cíntia Ribeiro Rondon

(carta-resposta já traduzida do italiano por Silvio Gaggini)

Nos países ocidentais e na Itália em particular a relação que nas escolas se entretêm com a natureza não é muito..."natural". Os adultos ensinam as crianças a manter uma distância protetiva no confronto daquilo que não é construído pelo homem. O medo de uma provável possibilidade de um perigo imprevisível retém adultos e crianças. Os quatro tradicionais elementos básicos propostos por Empédocles [173] (ar, água, terra e fogo) ficam objeto de experiência e de conhecimento somente a determinadas condições. As crianças aprendem cedo que o ar provoca resfriados e doenças respiratórias, a água molha e traz a febre, a terra está cheia de micróbios e não pode manipular, o fogo precisa ser mantido sempre a devida distância. Nas escolas se aumentam as proibições e as preocupações. Mexe-se com a água, somente nos laboratórios didáticos, a terra somente deve

---

[173] Filósofo, professor e médico. Também legislador e defensor da democracia. Defendeu e divulgou a ideia de que o mundo seria constituído por quatro elementos: água, ar, fogo e terra. Nascido entre cerca de 495/490-435/430 a.C., na Sicília. Assim, tudo que existe no mundo até hoje seria uma mistura destes, com maior ou menor complexidade. Para ele, a morte seria a desagregação também desses elementos naturais. Logo, todos os seres vivos fariam parte de um ciclo que se renova com o nascimento e se desagrega com a morte. Ele influenciou o que será conhecido como Teorias do Evolucionismo, como em Darwin, só que 2.460 anos antes deste (Para saber mais, consultar o livro: CHAUI, M. **Introdução à história da filosofia**. São Paulo: Companhia das Letras, 2002. v. 1.). Em especial, os sentimentos *amor e ódio*, apresentados pela mesma personagem, podem ter tido paralelo com as ideias de Empédocles sobre os mesmos sentimentos, por ele entendidos como o que une os elementos e o que os separa, respectivamente. Reflexão da autora.

existir (atualmente raríssimo) uma piscina de areia protegida, não saímos mais da escola quando tem vento ou está muito calor. Se por acaso chove, o fechamento da escola é automático.

Por consequência, em muitas das nossas escolas, uma educação em contato com a natureza não existe. Existe às vezes uma relação "inatural" com o ambiente. É vetado subir em uma árvore (e se depois as crianças caem?), não mexer nas ervas se está molhada, ocorre controlar as crianças se a chuva não deixou poças d'água, a terra suja e as plantas podem ser venenosas. Melhor evitar também um ambiente externo que é desconexo, com relevos e avalamentos com pedrinhas e pedras. Elas podem se machucar. Melhor então não sair de dentro da classe (também com as crianças pequenas) ou então organizar o espaço externo de modo asséptico, deixando liso, plano e anônimo.

A palavra jardim acoplada à primeira infância é um conceito antigo (jardins-de-infância, professora-jardineira) e as práticas didáticas mais distantes ainda de nossas sensibilidades educativas. Froebel[174] quando falava de jardins (o primeiro jardim de infância data 1839) pensava a um projeto institucional bem programado (também se lúdico e cheio de dons) nos quais poderíamos sarar as frescas plantinhas-crianças através justamente – das educadoras-jardineiras que "regavam-no" e fortaleciam ternos brotos. O jardim e o jardineiro eram sobretudo uma metáfora. No jardim verdadeiro a criança, tudo somado, podem estar muita coisa e quando eram ao ar livre, achavam um espaço geométrico: "a forma mais conveniente de todo o jardim é o retângulo... as vias que atravessam o jardim sejam de

---

[174] Friedrich Wilhelm August Froebel, quem criou o primeiro jardim da infância que se tem notícia. Viveu entre 1782 a 1852. Pedagogo alemão, pioneiro em metodologias de ensino voltadas para crianças menores de 6 anos. Será devidamente analisado e exposto neste capítulo. Segundo Alessandra Arce, *uma de suas maiores contribuições foi chamar a atenção para a brincadeira infantil, considerada por Froebel atividade séria, forma principal de expressão das necessidades e interesses das crianças pequenas* (ARCE, A. **Friedrich Froebel**: o pedagogo dos jardins de infância. Rio de Janeiro: Vozes, 2002).

25 cm de largura...". Por sorte, "ao menos uma vez por semana as crianças deverão andar em campo aberto".

Também na Itália a ideia de um jardim como recurso e como contexto primário para o desenvolvimento da criança, nunca achou um grande seguimento. Não achou por todo quase o século passado. Temos belíssimas fotografias de alguns jardins agazziani[175] onde podemos ver crianças com "aventais" tentando desenhar próximo às formas geométricas utilizando as pedrinhas do pátio. Um jardim-pátio; um objeto pobre e comum a ser usado didaticamente para prender alguma coisa que se retém útil aprender. A natureza fica desconhecida ou ficou um puro apêndice do viver humano.

É verdade que nos últimos anos muitas coisas mudaram especialmente nas instituições dedicadas à primeiríssima infância; é verdade que se adverte uma sensibilidade sempre maior por uma vida educativa também fora das "classes" das crianças. Cada vez com mais profundidade – se queremos ser sinceros – muitos jardins são ainda muito pouco pensados para oferecer ocasiões de crescimento (motor, sensorial, emotivo, social, estético...). Em muitos espaços ao ar livre transparece ainda uma ótica do adulto supervisionando que "concede" às crianças um momento de relaxamento (a recreação, a hora do ar livre) depois da atividade educativa desenvolvida no interior, em um lugar – como já dissemos – o mais possível asséptico.

A ciência pedagógica indica, por outro lado, que a relação com a natureza é importante e que a criança (e o adulto) deveriam reencontrar o antigo elo com o ambiente natu-

---

[175] Referente à proposta educativa concebida pelas irmãs italianas Rosa e Carolina Agazzi, conhecida na Itália como *Método Agazziano*. Um método voltado exclusivamente às escolas para a infância. Ele será devidamente estudado em momento oportuno ainda neste capítulo! Mas já adiantando o leitor mais ansioso, este método se baseava, antes de tudo, no princípio da continuidade entre abrigo infantil e ambiente familiar, devendo portanto a educadora assumir um papel quase maternal, enquanto o trabalho das crianças devia ser sobretudo livre e ativo (jardinagem, limpeza etc.)... Entre as crianças... um forte senso de colaboração. A invenção didática mais significativa de Agazzi foi... o material não pré-ordenado, não científico e ocasional, constituído de tudo aquilo que as próprias crianças recolhiam ou levavam à escola e pelo que se interessavam, segundo: CAMBI, F. **História da pedagogia**. São Paulo: UNESP, 1999. p. 519.

ral. Dizem-nos também, que a experiência de contato com a terra, o ar, a água (do fogo não se fala nunca) são importantes na formação global das pessoas. Na escola não tem quem não esteja de acordo. Mas, considerada a escassa experiência dos adultos e a dificuldade objetiva, se agem com frequência em um modo "excecional", assim superar ao menos o sentido da culpa que nasce da conscientização de quanto pouco se faz para dar importância à natureza. Nascem em todo mundo projetos especiais, das aventuras na natureza (em barcos, nas grutas, nos bosques...), a cultivação das plantas (a horta, o jardim...), a experimentações na didática laboratorial (o flutuamento, as misturas...). É clara a desidratação. A natureza entra assim na escola e todos estão contentes.

Mas na realidade, se pensamos, não podemos isolar, segmentar, regulamentar os horários, circunscrever em espaços restritos, aquilo que é "natura". A natureza está presente sempre e é sempre necessária. Tem que ser reconhecida, acolhida, enfrentada, descoberta. Precisa ser mantida a maravilha que provoca com as suas variações, os seus perfumes, as suas cores; assim como acontece aprender a proteger-se dos perigos (sem ansiedades ou medos ilógicos) e se prevenir de possíveis consequências. A relação com a natureza não é somente uma ocasião privilegiada de formações: é, sobretudo um direito para as crianças. O contato com as plantas, com os bichinhos, com as mil ocasiões que podemos encontrar em um jardim pensado na escala da criança, é hoje ainda tão indispensável quanto seria ao tempo de Froebel (nos seus "jardins" cada criança tinha aos seus cuidados um canteiro pessoal).

Educar à maravilha, à descoberta, afinar a capacidade de administrar os imprevistos e o imprevisível, aprender também que todos nós somos naturais, com o nosso lado fascinante e os nossos "perigos". Acontece deixar-se tentar da natureza "natural" (isto é, não aquela experimentada em ocasiões excepcionais ou nos laboratórios das escolas). Uma natureza que tenta, que observa, que convida ao *conhecimento, que produz um afeto semelhante aquele de haikai de Ghenghe Mioara.*

Névoa perolada.

Duas íris de um belo azul

Me tentam através da cerca viva

Quem sabe quando acontecerá que as escolas italianas ficarão capazes de guardar através da cerca-viva os prejuízos do medo, da incerteza que limitam a sua relação com o ambiente e ofuscam cada olhar curioso e afetuoso através da natureza "perolada" de significados profundos.

Gianfranco Staccioli

Como podemos adentrar esse panorama esboçado por Gianfranco com tamanha intensidade e precisão?

Para tanto, visando focar uma amostra mais qualitativa (como temos defendidos em outras Partes da tese) e menos quantitativa de exemplares teóricos envolvidos nesta problemática, definimos que, num primeiro momento, devemos dialogar com os conceitos citados na carta em si (a carta como um dado primário que apareceu durante a evolução da própria pesquisa, logo também baseada e acolhida dentro da Teoria Fundamentada em Dados — comentada em momentos anteriores), dada a relevância do próprio autor nas questões educacionais relativas às crianças em ambiente escolar na primeira infância, em especial (como ele mesmo nos disse, não somente em território italiano... mas em todos os países onde a Educação Infantil recebeu influências do "jeito" ocidental de educar, como o Brasil).

E, num segundo momento, o estudo das principais ideias defendidas em certas teorias educacionais amplamente defendidas pelas raras escolas selecionadas como exemplares da simbiose entre criança, natureza e propostas pedagógicas.

Assim, começamos apenas com Froebel, devido a sua presença oficial nos exemplares pioneiros paulistanos da Educação de crianças de 0 a 6 anos, e propomo-nos — agora nestas considerações — a estimular mais estudos a encontrar outros teóricos da História da Educação que talvez também acabaram por defender "a dimensão do verde" nas fases etárias posteriores à Educação Infantil. Dando continuidade à própria História do Paisagismo Escolar Paulistano, desta maneira.

Então, pudemos oferecer uma amostra de grande profundidade e interdisciplinaridade, porém condensada ao se pensar em viabilizar (e na não repetição e compilação de ideias já em circulação em trabalhos acadêmicos em geral) reflexões num único, mas singular, capítulo.

Para tanto, a carta é um eixo disparador de conteúdos e, ao mesmo tempo, mediadora destas ideias e de reflexões.

Inicialmente, deparamo-nos com a problemática entre escola e natureza (ver primeiro parágrafo da carta presente). Uma relação que o próprio autor considera como *não natural*. E sua consequência mais evidente: a de promover um distanciamento entre criança e natureza. Medo do provável perigo, do imprevisível, distanciamento de experiências com contato com a água, a terra, o fogo (acima de todos). Até o elemento ar causa apreensão, se em forma de vento, sereno etc. Sinônimo de doenças, de sujeira.

Sabiamente, o referido pedagogo italiano cita nesta carta-resposta Empédocles, praticamente desconhecido em territórios da Pedagogia e mais ainda do Paisagismo, apesar de este último ter muita afinidade com o tema. Releiamos esta passagem: *"Os quatro tradicionais elementos básicos propostos por Empédocles (ar, água, terra e fogo) ficam objeto de experiência e de conhecimento somente a determinadas condições"*.

Marilena Chaui pode nos dar embasamento na compreensão deste singular filósofo, nascido na Sicília por volta de 492 a.C. — Empédocles de Agrigento —, por si mesmo uma figura interdisciplinar e holística, em contato íntimo com a natureza. A professora de História da Filosofia e de Filosofia política da Universidade de São Paulo esclarece, em seu livro *Introdução à história da filosofia: dos pré-socráticos a Aristóteles*[176], que este filósofo citado por Gianfranco foi também:

> *Além de político, Empédocles foi poeta, dramaturgo, homem de ciência, médico e cosmólogo, místico e inventor de eloquência... e dele resta o maior número de fragmentos deixados pelos pré-socráticos. Dos poemas... um, de cosmologia, intitulado (como sempre) "Sobre a natureza"... pelo modo como escreveu, invocando as emoções dos ouvintes e leitores... Aristóteles (segundo Diógenes de Laércio) o teria considerado fundador da retórica, isto é, da arte de persuadir por meio das paixões ou emoções do ouvinte.*
>
> *Em geral, os historiadores da filosofia mencionam o fato de Empédocles ter sido médico, e os historiadores da medicina falam da influência filosófica de Empédocles sobre a medicina grega.*[177]

Parece que o assunto medicina se distanciou do atual ponto de discussão, mas Chaui surpreende-nos ao explicar a visão do médico grego sobre o entendimento da dor e das doenças, que nos levou a uma nova ótica sobre os tais *quatro elementos (ar, água, terra e fogo)* hoje, infelizmente (para esta tese e para o próprio Staccioli), praticamente isolados das crianças pequenas em ambientes escolares da Educação Infantil nascidos no berço ou influenciados pela cultura ocidental, como no Brasil, aliás.

Assim, deixemos a própria Marilena Chaui esclarecer tal ponto crucial, já que essa docente é referência nacional em Filosofia no Brasil. Apreciemos seus pensamentos e conclusões para entendermos melhor como o pensamento de Empédocles parece ter se fundamentado:

> *A dor e a doença, para os gregos, são uma forma de passividade, algo que nos acontece por ação de um outro ser sobre o nosso. Resultam da hostilidade de alguma coisa (alimento, bebida, vento, umidade, etc.) contra o ser de alguém... é preciso que exista a pluralidade de*

---
[176] CHAUI, 2002.
[177] Ibidem, p. 107-108.

> *seres que agem e sofrem ações entre si... A saúde é um estado de equilíbrio entre os múltiplos componentes do corpo, e a doença, a ruptura deste equilíbrio pela falta ou pelo excesso de um dos componentes sobre os demais...*
>
> *[...] outros aspectos da medicina também são importantes aqui. O primeiro deles é que a saúde e a doença são formas de relação entre nosso corpo e o meio ambiente (por isso o médico grego estuda o mundo onde está e onde vive nosso corpo, isto é, as águas, os ventos, os terrenos, o lugares, os astros, os alimentos, as horas do dia e da noite, as estações do ano etc.). Assim é preciso haver, no mínimo, a dualidade homem-mundo para que haja medicina... Em resumo, a medicina não dispensa a experiência sensorial, a percepção e a memória.*
>
> *Empédocles... era médico e, certamente, as ideias médicas e a prática médica tiveram papel fundamental em sua cosmologia.*[178]

Marilena Chaui, desta forma, traz-nos um novo universo de ideias de Empédocles (Itália; quase 500 anos antes de Cristo) que parecem ter repercussões em momentos históricos bem posteriores, positivas, com Froebel (Alemanha; fim do século XVIII e início do século XIX), e, por que não, na sua forma mais radical, negativamente, mas também com olhar médico, com as Teorias Higienistas (Europa; século XIX e Brasil, segunda metade do século XIX e no período da Primeira República), que influenciaram, em olhar específico desta tese, todo um modo de conceber os espaços escolares para crianças em geral, como discutiremos à frente, a destacar, com remanescentes nos espaços escolares infantis até os dias de hoje, em pleno século XXI.

No momento, cabe ressaltar como é *inatural* (nas palavras de Staciolli) a intenção declarada das escolas ocidentais em geral (com enfoque nas de Educação Infantil) de afastar das crianças os elementos naturais essenciais à plenitude ambiental humana (como também lamenta Gianfranco na carta-resposta *supra*), já que foram

---

[178] *Ibidem*, p. 108-109.

enfatizados por Empédocles como parte essencial da *relação entre nosso corpo e o meio ambiente*.[179]

O poema *Sobre a natureza*, desse relembrado filósofo siciliano, originalmente composto por 2 mil versos hexâmeros, é capaz de explicar a natureza e a história do universo, e nele o leitor pode compreender a sua Teoria dos Quatro Elementos, citada em momentos anteriores. Onde seriam quatro as raízes... de todas as coisas: fogo, terra, água e éter (ou ar)... cada uma é idêntica a si mesma, indestrutível, sem nascimento nem perecimento. "São o que são", lemos num fragmento. "São sempre iguais e de mesma idade, embora em missões diferentes", lemos noutro. E dão conta de todas as coisas existentes no mundo... Num fragmento, lemos: "Não há nascimento para nenhuma das coisas mortais, como não há fim na morte funesta, mas somente composição e separação, mistura e dissociação dos elementos".

"Assim, a vida é uma mistura de elementos e a morte, separação... Das misturas derramam-se as inúmeras raças dos seres mortais, lemos num fragmento", novamente com as palavras de referência de Marilena Chaui.

Em busca de mais evidências teóricas, a pesquisadora deparou-se com um pequeno texto[180] falando sobre a criança, que lhe pareceu convergente com tal ótica da leitura do ser humano como parte de um mundo natural pleno de elementos.

Permitamo-nos deleitar com ele neste momento, com o intuito de promovermos uma breve experiência literária sensibilizadora que funde criança e elementos da natureza de modo simbiótico e obrigatoriamente de existência mútua:

> *A criança que você pôs no mundo pesa dez libras. É feita com oito libras de água e um punhado de carbono, cálcio, azoto, sulfato, fósforo, potássio e ferro. Você deu à luz a oito libras de água e duas libras de cinzas. Assim cada*

---
[179] Ibidem, p. 109.
[180] Texto de epígrafe situado após o sumário da tese de doutorado de Léa Tiriba: TIRIBA, L. **Crianças, natureza e educação infantil**. 2005. Tese (Doutorado em Educação) – Programa de Pós-Graduação em Educação, PUC-Rio, Rio de Janeiro, 2005. Orientador: Prof. Leandro Konder.

> gota de seu filho era o vapor da nuvem, o cristal da neve, da bruma, do orvalho, da água nascente... Milhares de combinações possíveis de cada átomo... Você apenas reuniu o que já existia.
>
> Olhe a terra suspensa no infinito. O Sol, seu próximo companheiro, está a cinquenta milhões de milhas. Nosso pequeno planeta não é mais que três mil milhas de fogo recoberto por uma película que tem apenas dez milhas. Sobre esta fina película, um punhado de continentes jogados entre os oceanos. Sobre estes continentes, no meio das árvores, arbustos, pássaros, animais – o ruído dos homens.
>
> Entre estes milhões de homens, está você, que deu à luz a um homem mais. O que é ele? Um galhinho, uma poeira – um nada. É tão frágil que uma bactéria pode matá-lo...
>
> Mas este nada é irmão das vagas do mar, do vento, do relâmpago, do sol, da via Láctea. Este grão de poeira é irmão da espiga do milho, da relva, do carvalho, da palmeira, irmão do passarinho, do filhote do leão, de um potrinho, de um cãozinho.
>
> Este grão encerra em seu pensamento as estrelas e os oceanos, as montanhas e os precipícios. E o que é a essência da alma senão todo universo, faltando apenas as suas dimensões. É esta a contradição inerente ao ser humano: nascido de um quase nada, deus está nele.[181]

Felizmente, esta pesquisa sempre encontrou, inesperadamente, textos, pensamentos, pessoas que tonalizaram ainda mais cada ponto discutido. Como uma escultura concebida "no modo Michelangelo", em que este tentava visualizar a escultura como se esta estivesse escondida dentro de um bloco, mas, aos poucos, pronta para mostrar suas partes.

A pesquisadora não imaginava identificar inúmeros médicos-filósofos, médicos-educadores que antes ou depois de Cristo falam da natureza e de como o ser humano é feito dela, como em Empédo-

---

[181] KORCZAK, 1983, p. 31-32. *In*: TIRIBA, 2005.

cles (resgatado por Gianfranco) e agora com Januz Korczak, citado por Léa Tiriba, em sua tese de doutorado (será discutida a seguir). Inimaginavelmente, um médico pediatra judeu, nascido em 1878 em Varsóvia (contemporâneo de Isadora Duncan, citada no capítulo 1), que dedicou sua vida às crianças carentes e pela defesa dos direitos das crianças de modo pioneiro. Além de pedagogo, escritor, autor infantil, entre outras funções.

Que tipos de elementos naturais (na verdade, produzidos pelo Homem. Ou seja, já em si, por sua natureza, inaturais) foram ou são projetados para as nossas crianças escolares da Educação Infantil no Brasil? Como arquiteta-paisagista, a autora pode afirmar alguns deles: concreto, alumínio, vidro, tijolo, gesso e madeira compensada.

Seria a escola apenas fisicamente reduzida a estes elementos?

A escola seria só a edificação em si? Ou seu entorno, algo entre a construção e seus muros também é escola?

A tia do pai da autora — que era uma senhora portuguesa já com seus 80 e poucos anos e que era floricultora na cidade de São Bernardo do Campo/SP —, a tia Mercedez (*in memoriam*), já dizia na década de 90: "Os brasileiros desperdiçam muito espaço... sabe aquele terreno verde ali? Bem que poderia ser uma escolinha". Mesmo que a escolinha-prédio ficasse do outro lado da rua, aquela área verde poderia fazê-la o dobro, se a entendêssemos como uma verdadeira sala de aula ao ar livre!

A citação do filósofo Empédocles na referida carta-resposta também, então, ampliou a pesquisa e levou a pesquisadora a buscar e a identificar outros possíveis filósofos que tinham no cerne de suas propostas o meio natural como espaço pedagógico.

Assim, relembremos a já analisada *Academia de Platão* (nascido por volta de 427 a.C., em Atenas) e o *Liceu de Aristóteles* (nascido em 384 a.C., em Estagira, Grécia Antiga; mais explicações sobre a Academia e o Liceu no enfoque deste estudo, consultar capítulo 1, cronologicamente posteriores a Empédocles (nascido por volta de 492 a.C., na Sicília).

Retomemos a *Academia*, agora do ponto de vista da História da Filosofia, segundo comentários de Marilena Chaui[182], destacando, com olhar cuidadoso, a natureza como meio educativo e viabilizador de práticas pedagógicas:

> *A Academia foi fundada (e custeada) por Platão num local arborizado e banhado por fontes, o jardim do herói Akademos, situado no noroeste de Atenas, no caminho de Elêusis, próximo a cefisto e colona, e em cujo centro se erguia um ginásio. Além desse parque, Platão adquiriu um outro, no qual ficavam os alojamentos dos estudantes. A Academia aí permaneceu até o século I a.C., durante o reinado de Silas, quando foi transferida para o interior da cidade. Compreendia salas de aulas, uma biblioteca e um Musaion, isto é, uma sala reservada às Musas ou ao ensino e cultivo das ciências e técnicas. Era frequentada por discípulos cuidadosamente escolhidos, que recebiam um ensino em todas as questões concernentes à filosofia. Nela se formaram os mais importantes matemáticos, astrônomos e futuros políticos da Grécia clássica, e foi nela que, durante vinte anos, Aristóteles recebeu a formação filosófica.*
>
> [...]
>
> *O ideal de educação autônoma significa, em primeiro lugar, ensinar o livre espírito de pesquisa, o compromisso do pensamento apenas com a verdade e, em segundo, estimular a autodeterminação ética e política... A Academia ensinava a pensar..." o dever de procurar o que não sabemos"... Nela prevaleceu o espírito socrático: a discussão oral e o desenvolvimento do vigor intelectual*

---

[182] Antes do contato desses dois volumes sobre *Introdução à história da filosofia*, de Marilena Chaui, por meio do irmão da pesquisadora (Douglas Ribeiro, publicitário e atual estudante de Filosofia na USP/ recebeu bolsa mérito em 2012 no referido curso... desde já agradeço sua contribuição), a pesquisadora desta tese foi aluna da Prof.ª Dr.ª Marcia Tiburi, que no primeiro semestre de 2011 (do mestrado em "Educação, Arte e História da Cultura" da UPM) indicou a existência da referida Academia de Platão e do Liceu de Aristóteles, já que a pesquisadora não teve formação em Filosofia. Só em Mitologia Grega, com breves passagens na Filosofia, no curso de Extensão oferecido ainda pela Pontifícia Universidade Católica de São Paulo (PUC-SP).

> *do estudante eram mais importantes do que as exposições escritas.*[183]

Platão, filho de Aristo e de Perictona de Atenas, de ilustres famílias da aristocracia de Atenas, pensando-se em Educação, recebeu a formação escolar tradicional dos jovens aristocratas desta cidade. Assim, frequentou o ginásio (onde o guerreiro fisicamente belo recebia formação), música e poesia (para formação do guerreiro bom). E, por ser de origem aristocrata, aprendeu com os sofistas a retórica (para lutar pelo poder e para participar da vida política). Aos 20 anos, alguns amigos o levaram ao círculo de Sócrates, e, por consequência de sua admiração por este, tornou-se seu discípulo de referência.

No contexto histórico, também parte de sua formação, "A Atenas que Platão conhece ao nascer não é a Atenas que deixa ao morrer. A primeira é a do Século e Péricles"[184] (uma cidade imperial em crescimento econômico e espiritual, de grandes recursos financeiros e de poder na política e na cultura). "A segunda, a da derrota na Guerra do Peloponeso"[185]. A Atenas que Platão viveu durante a sua juventude e maturidade, como afirma Chaui[186],

> [...] é a Atenas da Guerra do Peloponeso, com as cidades se dividindo em alianças instáveis com Esparta e Atenas... Em 429 a.C... morre Péricles e a peste ataca a cidade, dizimando milhares de pessoas... a peste levou os atenienses a negociar uma trégua com os espartanos... Atenas será derrotada... cujas muralhas foram destruídas e cuja frota naval foi praticamente dizimada. Entre outros fatos relevantes.

Assim esboçamos rusticamente o cenário fundo no qual será concebida a *Academia de Platão*. Com a derrota, os espartanos vão ocupando a cidade enquanto o aristocrata ateniense Crítias, primo de Platão, conspira com eles para eliminar as instituições democráticas e, enfim, recolocar a aristocracia no poder, dando então um Golpe

---

[183] CHAUI, 2002, p. 226.
[184] *Apud* CHAUI, 2002, p. 213.
[185] *Apud* CHAUI, 2002, p. 213.
[186] *Apud* CHAUI, 2002, p. 213.

de Estado, instalando o chamado *Governo dos Trinta Tiranos*; e só pelo nome já entendemos como se conformou o clima da cidade: terrorismo e sangue.

Tão logo este governo é formado, por parentes e conhecidos de Platão, um ano depois cai. Democratas moderados (antes em exílio) tentam acabar com as lutas internas que dividem a cidade, condenando à morte os mais perigosos e dando anistia aos inofensivos. O jovem Platão era parente dos que deram o golpe político. Estabeleceram o *Governo dos Trinta*. Com a queda deste governo, ele esperava um restabelecimento das leis e do governo democrático. Mas, ao contrário de suas expectativas, viu Sócrates ser condenado. Na verdade, por ter se oposto a cumprir ordens injustas e ilegais desse governo.

Este fato fez Platão abandonar a ideia de voltar a participar da vida política da cidade. Vejam as próprias palavras inconformadas do filósofo:

> *[...] fui movido pelo desejo de me envolver nos negócios do Estado. Era um período de desordens. Tiveram lugar, então, muitos fatos revoltantes e não é extraordinário que as revoltas tenham servido para multiplicar ato de vinganças pessoais... Mas não sei o que aconteceu. Pessoas poderosas arrastaram diante dos tribunais esse mesmo Sócrates, nosso amigo, e levantaram contra ele uma acusação... que seguramente não merecia:... acusado de impiedade e por este crime o condenaram, fazendo morrer o homem que não quisera participar da criminosa detenção de um destes que o julgavam agora, um que estava banido quando todos estes também estavam em desgraça.*[187]

Este breve contexto histórico também é parte da história da criação de sua escola em meio à natureza, como foi descrito por Marilena anteriormente. E induziram-no a desconfiar cada vez mais da política existente e dos próprios políticos; a compreender o papel das leis para se erguer uma cidade justa e, em especial para este estudo, para se pensar que somente pela educação — no caso,

---

[187] *Apud* CHAUI, 2002, p. 217.

filosófica — dos governantes se poderia salvar a cidade. Como podemos observar claramente em suas próprias palavras: *"Portanto, os males não cessarão para os homens antes que a estirpe dos puros filósofos chegue ao poder ou que os governantes das Cidades, por uma graça divina, se ponham verdadeiramente a filosofar"*[188].

Ideias presentes na "Carta sétima", entre outras, que formarão — segundo Chaui — parte permanente do pensamento político do Ocidente até Maquiavel, no século XV d.C.

Após a abertura do referido documento, Platão narra suas viagens a Siracusa, onde tentou com dedicação tirá-la da tirania, dando-lhe uma Constituição escrita e um governante digno. Neste mesmo relato, endereçado aos amigos, Platão "procura resumir os princípios da educação filosófica que pretendera ministrar aos dois tiranos. Este resumo é uma exposição das relações entre teoria do conhecimento e política"[189].

Quando soube da condenação de Sócrates, Platão desanimou-se e por isso viajou para o Egito em 390 a.C. e em 388 a.C., aos 40 anos, como informa a professora Marilena; realiza sua viagem a este país, onde acabou por conhecer o sobrinho do tirano Dionísio I.

Assim, com esta noção de como foi a vida deste filósofo, podemos agora entender por que sua escola não transmitia valores éticos e políticos, mas sim ensinava a criá-los segundo o exercício da reflexão e da teoria, em que prevaleceu o espírito socrático, estimulando, como foi visto anteriormente, a autodeterminação e o livre espírito de pesquisa.

O *Mito da Caverna*, um de seus textos mais famosos até os dias de hoje, faz a pesquisadora pensar se as escolas — nesta falta de relação entre ela e o meio natural para a plenitude dos processos de aprendizagens — ainda estariam dentro da "caverna", à espera de uma renovação espacial urgente, em simbiose também com as teorias educacionais adotadas como referenciais neste livro.

---

[188] *Apud* CHAUI, 2002, p. 217.
[189] *Apud* CHAUI, 2002, p. 218.

A caverna, como lugar existente na natureza, uma experiência no meio natural por si mesma, deixa-nos em um ambiente singular de isolamento e ausência de luz e presenteia-nos com um forte ofuscamento da visão ao tentar sair dela. Sensação já experimentada pela pesquisadora e que poderia ser feita, até mesmo com os alunos, parece ter sido também usufruída por Platão.

Relembremos que nosso terceiro filósofo é Aristóteles, que estudou por anos na "Academia de Platão". "Agora com seu Liceu".

A descoberta da figura de Epicuro e seu jardim arremata a ideia de uma tentativa de esboçar uma história da escola com a história do jardim do ponto de vista educativo (bibliografia inexistente neste aspecto, sendo nossa proposta a criação deste tipo de história: a do Paisagismo Escolar, no caso específico, da Educação Infantil — inicialmente, como primeiro passo).

Em *Introdução à História da Filosofia: as escolas helenísticas*, agora no seu volume 2, também de Chaui, pudemos inesperadamente identificar todo um capítulo dedicado a este filósofo. Capítulo este de número 2, intitulado: "Epicuro e o jardim". Uma nova faceta teórica de nossa pesquisa, encerrando a parte das contribuições advindas da Filosofia. Fechando também uma linha cronológica disparada pela citação do filósofo Empédocles quando Gianfranco Staccioli o inseriu no contexto da Educação Infantil.

Assim, como o próprio título do capítulo citado anuncia, é relevante para esta pesquisa estudarmos um pouco do que ficou conhecido como a *Filosofia do Jardim*.

Do mesmo modo, não temos a pretensão de nos aprofundar no discurso filosófico, mas sim sinalizar a simbiose entre escola e natureza para fins educativos e disparar novas e inéditas discussões por esta ótica. Tom este mantido nas explanações sobre os três filósofos anteriormente estudados neste momento final da tese.

Epicurismo foi uma doutrina filosófica de Epicuro, filósofo grego que teve seguidores como Lucrécio (poeta latino, 98 a 55 a.C.).

Segundo Chauí[190], Epicuro era filho de Neoclés e de Queréstrata e teria nascido em Atenas em 342 ou 341 a.C., no ano da 109ª Olimpíada, ou na colônia pertencente a esta cidade, chamada de Samos. E, quando este nasceu, Platão já teria morrido e Aristóteles faria parte da corte de Filipe da Macedônia como preceptor de Alexandre.

A mesma mestre em Filosofia e ainda professora da USP nos conta que pouco se sabe sobre sua infância. Mas que seu pai não teria descuidado de sua educação e que, aos doze anos, teria lido o poema cosmogônico de Hesíodo sobre a gênese dos deuses e do mundo. E por isso não teria entendido a frase "o primeiro a nascer foi Caos"[191], indagando desde então que, "se o Caos é o início, como poderia nascer?"

"Ainda sabe-se que dos catorze aos dezoito anos foi enviado para Teos por seu pai, visando o aprendizado de física e matemática sob os ensinamentos de Panfílio, platônico". E que aos 30 anos, já com sua filosofia formatada, foi morar em Mitilene, ao norte de Samos, onde fundou sua escola de filosofia. Esta foi transferida um ano depois para Lâmpsaco, cidade entre o estreito que separa o Mediterrâneo do Mar Negro, fundando novamente uma escola e conseguindo seguidores, isso em 310 a.C.: homens e, em especial, mulheres, pessoas livres e escravos, como Heródoto e Metrodoro, seu melhor amigo.

Interessante para esta tese em andamento é o fato de, depois de inúmeras mudanças de endereço (e de cidade), aos 35 anos, ter conseguido recursos financeiros para finalmente comprar uma casa e um jardim em Atenas, onde, em 306 a.C., com a presença de vários de seus discípulos vindos da Ásia Menor, se instalou até o fim de sua vida, em 270 a.C.

Agora o momento esperado: sobre o seu jardim.

---

[190] CHAUÍ, Marilena de Souza. **Introdução à história da filosofia**: as escolas helenísticas. São Paulo: Companhia das Letras, 2010.
[191] CHAUI, 2010, p. 81.

No início, quando se instalou em Atenas deste modo, quis participar da vida intelectual desta cidade, que ainda era o centro cultural do mundo helênico. Mas

> [...] se cansou da inutilidade das discussões dialéticas e preferiu recolher-se com os antigos e novos discípulos em sua escola, instalada no jardim... vivendo de maneira frugal e silenciosa, a Escola do Jardim diferenciou-se imediatamente de outra, criada na mesma ocasião, A Escola do Pórtico... fundada por Zenão de Cício[,][192]

que concentrava uma multidão num auditório de grande capacidade.

Jacques Brunschwig[193], atualmente Professor Emérito da Universidade de Paris I (Sorbonne)[194], considera-o como o primeiro fundador (cronologicamente) de uma escola de filosofia nova no período helenístico. Vejamos seu parecer sobre o jardim, por Epicuro, como local para ensinamentos e como ambiente físico que configura o espaço escolar:

> *O Jardim, é antes de tudo, verdadeira e institucionalmente, uma "escola nova": já não é um centro livre de investigação e de ensino sem ortodoxia, como foram a Academia de Platão e o Liceu de Aristóteles, mas uma comunidade de vida completa, agrupando nos mesmos lugares homens, mulheres, crianças, adultos, jovens e velhos. [...] A comunidade funda-se no aprendizado da doutrina do mestre, sobre sua ascendência sobre a existência de todos, sobre uma organização amigável, mas hierarquizada e um tanto conventual.*[195]

Sob este pensamento versa as reflexões de Marilena, que nos ensina que a pólis neste tempo é mera sombra de um passado perdido, ou seja, os adeptos da Filosofia do Jardim passam a não fazer parte

---

[192] CHAUI, 2010, p. 82.
[193] *Apud* CHAUI, 2010.
[194] Jacques Brunschwig é um dos principais especialistas da França sobre a História da Filosofia antiga, especificamente com as obras de Aristóteles. Além de seu trabalho sobre Aristóteles, Brunschwig também tem escrito artigos e editou obras, Descartes e Leibniz.
[195] BRUNSCHWIG, 1997, p. 476.

dos negócios público e somente pedirem à Cidade paz e segurança para que permitam a existência desta pequena comunidade filosófica de modo tranquilo, já que tem como meta a busca pela felicidade individual.

Assim entendemos que o jardim nega a Cidade, nega as paredes, os tetos. Não só fisicamente como filosoficamente. Cidadão e indivíduo não são mais uma unicidade. Distancia-se da política porque

> [...] se sente imerso numa realidade mais ampla do que a polis, a Natureza. Diferentemente dos estoicos... cosmopolitas, isto é, concebem uma Cidade Mundial ou um mundo como Cidade, Epicuro opõe a Cidade (particular e mundial), com suas divisões econômicas e sociais, suas hierarquias e desigualdades, seus privilégios e exclusões, à Natureza, que é igualitária e inclusiva.

Ou seja, o jardim é um local acolhedor, que não distingue homens, mulheres, crianças etc.

E que nunca cessemos este diálogo, que tem como resultado mais modesto promover a "simbiose entre crianças e natureza" em espaços escolares brasileiros.

Concomitante, a priori, também com as divulgadas ideias expostas em *Pensar o ambiente: bases filosóficas para a educação ambiental*[196], colocadas em pauta na "Coleção Educação para Todos", pela UNESCO, desde 2004, em parceria com o Ministério da Educação do Brasil.

Como declaram, tal documento

> [...] marca uma maneira diferente de abordar a temática da Educação Ambiental... para que o leitor, mesmo não iniciado em filosofia, possa relacionar natureza/cultura/ambiente e compreender tal relacionamento de maneira contextualizada.

---

[196] CARVALHO, I. C. M.; GRÜN, M.; TRAJBER, R. (org.). **Pensar o ambiente**: bases filosóficas para a educação ambiental. Brasília: SECADI/MEC; UNESCO, 2006. (Coleção Educação para Todos). Disponível em: http://portal.mec.gov.br/dmdocuments/publicacao4.pdf. Acesso em: 3 nov. 2013.

Assim, acreditamos que, para preparar as futuras gerações à já iniciada "crise ambiental" (termo usado no referido documento da UNESCO), de caráter infelizmente mundial, estas poderiam iniciar sua escolarização já na Educação Infantil! Desde os seus 3 anos de vida — já em espaços físicos capazes de "lhes ensinar" que é possível e necessário ter a escola como pioneira na promoção "do verde". Este não mais desejável apenas como capaz de embelezá-la, mas parceiro dos processos de aprendizagens significativas pela escola. Mas em comunhão com o meio natural. E não mais isolando-o do universo infantil.

Logo, a humanidade talvez tenha começado num jardim — como muitas culturas, filosofias e religiões afirmam. Aqui, desejamos que ela continue nele. Pelas crianças enquanto crianças. Pelas escolas que lhes ensinam. Pela Natureza que as abarca, incondicionalmente. Já que, essencialmente educativa e acessível, se pensada como um pátio verde, ou mesmo chamando-o carinhosamente de: quintal! Já que todo ser humano um dia foi criança, e em alguns ela nunca desaparecerá.

Esses pátios invisíveis (como a pesquisadora batizou, ao longo da pesquisa, esses jardins remanescentes das edificações escolares no Brasil) — hoje aqui defendidos nestas considerações finais até a última linha! — ainda são um invisível "educador" no cerne de propostas pedagógicas que ainda insistem em excluí-los, sendo urgente a reflexão e o acolhimento deste livro nas leituras dos donos de escolas, mantenedores, gestores e coordenadores de escolas em geral, a priori. E o precioso apoio dos docentes na aplicação na prática, de forma efetiva e eficiente, em todas as disciplinas, para ampliarem exponencialmente suas práticas pedagógicas.

Quais os ganhos mais iniciais? Desenvolvermos ainda mais as habilidades e as competências dos alunos! Formar cidadãos intimamente conectados com a natureza (natural e projetada). Claro! Em parceria íntima com arquitetos-paisagistas!

Selo esta parte final com as sensíveis palavras de Gianfranco Staccioli, respondendo à seguinte pergunta da autora: Qual a importância da simbiose entre crianças e natureza ao aprendizado escolar na Primeira Infância? (pergunta que se tornou o título deste livro). O estudioso responde: É o "que tenta, que observa, que convida ao conhecimento, que produz um afeto".

E que deixemos mais sementes com esta leitura!

E que aflorem novos olhares e parcerias!

REFERÊNCIAS

Fontes bibliográficas

ARCE, A. **Friedrich Froebel**: o pedagogo dos jardins de infância. Rio de Janeiro: Vozes, 2002.

BACHELARD, G. **La poética del espacio**. Madrid: Blume, 1954.

BARGUIL, P. M. **O homem e a conquista dos espaços**: o que os alunos e os professores fazem, sentem e aprenderam na escola. Fortaleza: LCR, 2006.

BARRIE, J. M. **Peter Pan e Wendy**. Ilustrações de Michael Foreman. Tradução de Hildegard Feist. São Paulo: Companhia das Letrinhas, 1999.

BOOTH, W. C. **A arte da pesquisa**. São Paulo: Martins Fontes, 2000.

BRASIL. **Lei nº 9.795, de 27 de abril de 1999**. Dispõe sobre a educação ambiental, institui a Política Nacional de Educação Ambiental e dá outras providências. Brasília: Presidência da República, 1999. Disponível em: http://www.planalto.gov.br/ccivil_03/Leis/L9795.htm. Acesso em: 20 set. 2011.

BRASIL. Ministério da Educação. Secretaria de Educação Básica. **Parâmetros básico de infra-estrutura para instituições de educação infantil**: Encarte 1. Brasília: MEC/SEB, 2006.

BRASIL. Ministério da Educação. Secretaria de Educação Básica. **Diretrizes curriculares nacionais para a educação infantil**. Brasília: MEC/SEB, 2010.

BRASIL. Ministério da Educação e do Desporto. Secretaria de Educação Fundamental. **Referencial curricular nacional para a educação infantil**. Brasília: MEC/SEF, 1998. v. 2. Disponível em: http://portal.mec.gov.br/seb/arquivos/pdf/volume2.pdf. Acesso em: 1 set. 2023.

BRONFENBRENNER, U. **Bioecologia do desenvolvimento humano**. Porto Alegre: Artmed, 2011.

CAMBI, F. **História da pedagogia**. São Paulo: UNESP, 1999.

CARROLL, L. **Alice no país das maravilhas**. São Paulo: Cosac Naify, 2009.

CARVALHO, I. C. M.; GRÜN, M.; TRAJBER, R. (org.). **Pensar o ambiente**: bases filosóficas para a educação ambiental. Brasília: SECADI/MEC; UNESCO, 2006. (Coleção Educação para Todos). Disponível em: http://portal.mec.gov.br/dmdocuments/publicacao4.pdf. Acesso em: 3 nov. 2013.

CHAUI, M. **Introdução à história da filosofia**. São Paulo: Companhia das Letras, 2002. v. 1.

CHAUÍ, Marilena de Souza. **Introdução à história da filosofia**: as escolas helenísticas. São Paulo: Companhia das Letras, 2010.

DE MASI, D. **O ócio criativo**. [Entrevista cedida a] Maria Serena Palieri. Tradução de Léa Manzi. São Paulo: Sextante, 2000.

EDWARDS, C.; GANDINI, L.; FORMAN, G. **As cem linguagens da criança**. Tradução de Dayse Batista. Porto Alegre: Artmed, 1999. v. 1.

FORNEIRO, L. I. A organização dos espaços na educação infantil. *In*: ZABALZA, M. A. **Qualidade em educação infantil**. Porto Alegre: Ártemis, 1998. p. 229-281.

FRANÇA, L. C. M. **Caos-espaço-educação**. São Paulo: Annablume, 1994.

FRANCO, M. A. R. **Desenho ambiental**: uma introdução à arquitetura da paisagem com paradigma ecológico. São Paulo: Annablume, 2006.

FREDIZZI, B. **Paisagismo no pátio escolar**. Rio Grande do Sul: UFRGS, 1999.

FROEBEL, F. W. A. **A educação do homem**. Tradução de Maria Helena Câmara Bastos. Passo Fundo: UFP, 2001.

HECHT, A. **De que forma a arte pode contribuir no processo de desenvolvimento na educação infantil**. 2006. Trabalho de conclusão de curso (Pós-Graduação em História da Arte) – FAAP, São Paulo, 2006.

HECHT, A. O sabor do saber e o sabor do aprender. *In*: TIERNO, G. (org.). **A criança de 6 anos**. São Paulo: Meca; SIEEESP, 2008. p. 67-75.

HORN, M. G. S. **Sabores, cores, sons e aromas**: a organização dos espaços na educação infantil. Porto Alegre: Artmed, 2004.

LEARNING THROUGH LANDSCAPES. **About us**. [*S.l.*]: One2create, [2012?a]. Disponível em: http://www.ltl.org.uk/about/about-ltl.php. Acesso em: 15 jun. 2012.

LEARNING THROUGH LANDSCAPES. **Transforming childhood**. [*S.l.*]: One2create, [2012?b]. Disponível em: http://www.ltl.org.uk/childhood/learning.php. Acesso em: 15 jun. 2012.

LIMA, M. S. **A cidade e a criança**. São Paulo: Nobel, 1989. (Coleção Cidade Alerta).

LIMA, M. S. **Arquitetura e educação**. São Paulo: Nobel, 1994.

MALATO, M. L. A academia de Platão e a matriz das academias modernas. **Notandum**, Porto, n. 19, p. 5-16, jan./abr. 2009. CEMORrOC-FEUSP; Universidade do Porto. Disponível em: http://www.hottopos.com/notand19/malato.pdf. Acesso em: 15 ago. 2012.

MATURANA, H. R. **A árvore do conhecimento**: as bases biológicas da compreensão humana. São Paulo: Athena, 2001.

MEDAUAR, O. (org.). **Coletânea de legislação ambiental, Constituição federal**. São Paulo: Revista dos Tribunais, 2012.

OKAMOTO, J. **Percepção ambiental e comportamento**. São Paulo: Plêiade, 1996.

RIBON, M. **A arte e a natureza**. São Paulo: Papirus, 1991.

ROCHA, S. Antologia do haikais: parte I. *In*: ROCHA, S. **Sílvia Rocha**. Cotia: PRONAC-SP; Secretaria de Cultura e Economia Criativa/Governo do Estado de São Paulo, [2012?]. Disponível em: http://www.silviarocha.com.br/antologia-de-haikais-parte-1/. Acesso em: 3 abr. 2012.

RONDON, C. R. **Pátios invisíveis**: a dimensão do verde na educação infantil. 2014. Dissertação (Mestrado em Educação, Arte e História da Cultura) – Mackenzie, São Paulo, 2014.

ROUSSEAU, J.-J. **A nova Heloísa**. Paris: Gallimard, 1964. (Coleção Bibliothèque de La Pleiáde). t. 2. Texto original: *La nouvelle Héloise*.

ROUSSEAU, J.-J. **Emílio ou da educação**. São Paulo: Martins Fontes, 2004.

SAINT-EXUPÉRY, A. **O pequeno príncipe**. Com aquarelas do autor. São Paulo: Madras, 2007.

SCHULTZ, W. P. Inclusion with nature: the psychology of human-nature relation. *In*: SCHMUCK, P.; SCHULTZ, W. P. (ed.). **Psychology of sustainable development**. Massachusetts: Kluwer Academic, 2002. p. 61-78.

SIQUEIRA, R. A. O zen e a arte do haikai. *In*: SIQUEIRA, R. A. **Insite**. [*S.l.*: *s. n.*], dez. 2004. Atualizado em dezembro de 2000. Disponível em: http://www.insite.com.br/rodrigo/poet/o_zen_e_a_arte_do_haikai.html. Acesso em: 3 abr. 2012.

SOUSA, A. F. A escola do futuro. **Superinteressante**, [*S.l.*], 28 fev. 2001. Disponível em: https://super.abril.com.br/tecnologia/a-escola-do-futuro. Acesso em: 1 set. 2023.

STACCIOLI, G. [**Correspondência**]. Destinatário: Cíntia Ribeiro Rondon. Tradução de Silvio Gaggini. [*S.l.*], 23 out. 2012. Correio eletrônico.

TIERNO, G. (org.). **A criança de 6 anos**. São Paulo: Meca; SIEEESP, 2008.

TIRIBA, L. **Crianças, natureza e educação infantil**. 2005. Tese (Doutorado em Educação) – Programa de Pós-Graduação em Educação, PUC-Rio, Rio de Janeiro, 2005. Orientador: Prof. Leandro Konder.

TRUEBA MARCANO, B. **Talleres integrales en educación infantil**: una propuesta de organización del escenario escolar. Madrid: De La Torre, 1989.

VECCHI, V. **Grazia e cura come educacione**. *In*: Atelier3, ISAFF, 1999, Quattro Castella, Reggio Emília.

VIEIRA, M. E. M. **O jardim e a paisagem**. São Paulo: Annablume, 2007.

YAN, S.-N. **Meu jardim secreto**. São Paulo: FTD, 2009.

Arquivo consultado

Centro de Referência em Educação Mário Covas.

Congresso

Congresso Paulista de Educação Infantil (COPEDI), 4.

Departamentos visitados

Fundação para o Desenvolvimento da Educação (FDE).

Secretaria da Educação do Estado de São Paulo (SEDUC-SP).

Filmes assistidos e analisados

EM BUSCA da Terra do Nunca. Direção: Marc Forster. Estados Unidos; Reino Unido: Film Colony, 2004. 1 DVD (106 min), color. Título original: *Finding Neverland*.

ENROLADOS. Direção: Byron Howard e Nathan Greno. Estados Unidos: Walt Disney Animation Studios, 2010. 1 *Blue-ray* (100 min), color.

HOOK - A Volta do Capitão Gancho. Direção: Steven Spielberg. Estados Unidos: Amblin Entertainment, 1991. 1 DVD (144 min), color. Título original: *Hook*.

O JARDIM Secreto. Direção: Agnieszka Holland. Estados Unidos; Reino Unido: Warner Bros., 1993. 1 DVD (102 min), color. Título original: *The Secret Garden*.

O PEQUENO Príncipe. Direção: Mark Osborne. França: Onyx Films; Orange Studio; On Entertainment, 2015. Cinema (110 min), color.

SOCIEDADE dos Poetas Mortos. Direção: Peter Weir. Estados Unidos: Walt Disney Studios, 1989. 1 DVD (128 min), color, edição especial. Título original: *Dead Poets Society*.

Sites consultados

http://scientificamerica.com

www.abap.org.br

www.ambiente.sp.gov.br

www.anamariamacedo.com

www.antigo.mma.gov.br

www.ciudadmexico.com.me

www.cremariocovas.sp.gov.br

www.hottopos.com

www.insite.com.br

www.ltl.org.uk

www.mec.gov.br

www.paisagismobrasil.com.br www.royalparks.org.uk

www.planalto.gov.br

www.public.chusma.edu

www.silviarocha.com.br